Kerstin Quade/Christoph Behning

# Lernzirkel „Scotland“

Natur, Land und Leute mit abwechslungsreichen Unterrichtsmaterialien kennenlernen

Mit Kopiervorlagen
und CD-ROM

BRIGG Pädagogik

Gedruckt auf umweltbewusst gefertigtem, chlorfrei gebleichtem
und alterungsbeständigem Papier.

1. Auflage 2012
Nach den seit 2006 amtlich gültigen Regelungen der deutschen Rechtschreibung


ISBN 978-3-87101-**724**-7 www.brigg-paedagogik.de

# Inhalt



**CD-ROM:** Auf der CD befinden sich einzelne Seiten des Buches in Farbe.
Die Seiten sind gekennzeichnet.

# Danksagungen

Hiermit möchte ich mich bei meinen Fachleitern Herrn Bleeke, Herrn Pannach und Herrn Rindsberg sowie auch bei jenen meiner Mitreferendare bedanken, von denen ich vieles über die Vor- und Nachteile von Lernzirkeln und deren Einsatz im Unterricht gelernt habe. Von ihnen übernahm ich auch viel Nützliches über die Erstellung von Arbeitsblättern (diese Kunst hat uns an der Universität niemand vermittelt). Ich war wirklich kein Überflieger, aber zum Schluss hat es mir sogar ein bisschen gefallen.
Ferner möchte ich mich noch bei meiner Lieblings-Englischlehrerin Gerda Smorra bedanken, die mich hat erleben lassen, dass Englischunterricht Spaß machen kann.
Zudem schulde ich natürlich auch all jenen Schülern der Bremerhavener Paula-Modersohn-Schule Dank, mit denen ich während meines Referendariats Lernzirkel durchgeführt habe, und deren Begeisterung und Disziplin mich in der Weiterverfolgung dieser Methode bestärkt haben, sowie auch meinen damaligen Lehrer-Kollegen, deren Aufgeschlossenheit mir die Durchführung überhaupt erst ermöglicht haben. Ob ihrer großen Zahl möchte ich hier jetzt nur die Herren Behrens und Otto sowie Frau Hunger nennen.
Last but not least danke ich meiner Mutter, die fast über 25 Jahre bei den in Deutschland stationierten britischen Streitkräften gearbeitet hat sowie zwei Jahre in einem Londoner Hotel, ohne jemals in den Genuss regulären Englischunterrichtes gekommen zu sein, und die große Stücke auf Land und Leute hielt und mir beide näherbrachte.
Ohne sie wäre ich mit dem Land, seiner Sprache und Kultur möglicherweise nie so vertraut geworden, wie ich es nun bin.

Kerstin Quade

Mein Dank gilt vor allem meiner Schwester Friederike, die mich trotz aller Holperigkeit meiner ersten grafischen Gehversuche stets wieder ermutigt hat, weiter voranzustolpern. Des Weiteren danke ich meinem ehemaligen Kunstlehrer Lothar Bürmann, dessen Förderversuche bei mir zwar leider keinen geeigneten Nährboden fanden, mich aber durch die darin zum Ausdruck gekommene Wertschätzung meiner Bemühungen letztlich dennoch bestätigten. Schließlich danke ich Suzi Rosenblum für das allerschönste Kompliment, das ich jemals für mein Englisch erhalten habe.

Christoph Behning

Zu guter Letzt bedanken wir uns beieinander, da keiner ohne den jeweils anderen seinen Namen auf dem Umschlag dieses Buches fände. So sich jemand vollgültig als Erfinder der Teamarbeit benennen ließe, gälte ihm unser gemeinsamer Dank.

# Vorab sei angemerkt ...

... dass das Arbeitsmaterial in diesem Buch zwar ursprünglich zur Verwendung im Rahmen eines Lernzirkels in einer 10. Klasse einer integrierten Gesamtschule angefertigt wurde, jedoch einerseits zu einem Gutteil auch losgelöst von der Methode des Stationlernens als Ergänzungsmaterial zu einer Unterrichtseinheit über Schottland verwendet werden kann.
Dabei haben wir uns bemüht, den Lernzirkel so zu gestalten, dass auch solche Lehrer* (und Referendare), die mit dieser Unterrichtsmethode noch keine oder nur wenig Erfahrung haben, davor dennoch nicht zurückschrecken müssen.
Zum anderen ist seine Verwendbarkeit als Lernzirkel aufgrund des recht unterschiedlichen Anforderungsniveaus durchaus nicht auf die genannte Schulform begrenzt, sondern auch für die Durchführung in Gymnasial-, Realschul- und (wenn auch in leicht „abgespeckter Form") Hauptschulklassen geeignet. Um auch die sehr lernschwachen unter den Schülern angemessen zu berücksichtigen, haben wir solchen Arbeitsanweisungen, die uns für sie zu komplex erschienen, eine deutsche Übersetzung angehängt. (Vielleicht kommt dies ja auch der einen oder anderen fachfremd unterrichtenden Lehrkraft ganz zupass.)

* Aus Gründen der Lesbarkeit verwenden wir lediglich die männliche Form.

# Einleitung

Ein Lernzirkel über Schottland? Wie kommt jemand auf den Gedanken, sich solch eines doch eher nebensächlichen Themas mittels einer derart arbeits- und materialaufwendigen Methode anzunehmen, wie es das Stationenlernen (zum Leidwesen so manchen Lehrers) nun einmal ist? (... und dann zu allem Übel auch noch zu versuchen, andere zu ebendemselben Unfug zu verleiten?!) So mag sich manch einer unter Ihnen fragen. Nun, eine wirklich vernünftige Begründung hierfür kann ich leider auch nicht liefern, erzähle Ihnen aber stattdessen gern, wie es dazu kam. (Der eine oder andere dabei geschilderte Beweggrund mag sich ja vielleicht auch in des Lesers Augen nachträglich als vollgültiges Argument für unser Machwerk herausstellen.)

Angesichts meines damaligen Lehrwerks dauerte mich die recht stiefmütterliche Behandlung des Themas, die auf einer knappen Doppelseite die Schüler mit einer Überfülle von Stichworten bombardiert.

Zwar weiß ich, dass es letztlich Sache der Lehr*kraft* ist, welches Thema welcherart (und anhand welchen Materials) eingehender behandelt wird.

Andererseits sieht der Lehreralltag leider häufig so aus, dass man doch eher selten genügend Zeit bzw. Energie erübrigen kann, um eine übers Lehrwerk hinausführende, das Thema der Wahl erschöpfend (leider im doppelten Wortsinne) behandelnde Unterrichtseinheit zu konzipieren.

Mir jedoch ist solches schon eher möglich als den Vollzeit-Kollegen, da mir aufgrund meiner „halben“ Stelle dafür doch deutlich mehr Zeit bleibt.

Noch auf dem Heimweg von der Besprechung zur Themenfestellung im Englischunterricht startete ich gänzlich unwillkürlich ein Brainstorming, indem mir zahlreiche (oder eher zahllose) Details über Schottland in den Sinn kamen, die ich für unbedingt vermittelnswert hielt. Daraus ergab sich (ebenso unwillkürlich) die Frage, auf welchem Wege die Vermittlung jeweils zu bewerkstelligen wäre, die mich zu derart unterschiedlichen Antworten führte, dass, sie alle unter einen Hut zu bringen, nur ein Lernzirkel als Mittel der Wahl in Frage kam. Eine Mittel sollte der Einsatz von Rätseln sein. Zum einen, da mir während meiner bisherigen Lehrertätigkeit aufgefallen war, dass bei weiten Teilen der Schülerschaft eine nahezu schockierende Unkenntnis vorherrscht, was das Lösen auch der simpelsten Formen von Rätseln anbetrifft. (Was einen im Zeitalter von Gameboy, Nintendo und Konsorten letztlich auch nicht sonderlich wundert.) Zum anderen halte ich es für eine spannende Art und Weise, sich Ergebnisse zu erarbeiten. Und nicht zuletzt haben jene Schüler, denen der jeweilige Lerngegenstand nicht so sehr liegt, hier die Chance, zwar über einen anderen Weg, aber nichtsdestoweniger dennoch unter Einsatz der eigenen kognitiven Fähigkeiten doch noch zum gewünschten Ergebnis zu gelangen.

Noch während ich all diese Überlegungen anstellte, wuchs in mir die Ungeduld, mit der Umsetzung zu beginnen. Einer der Gründe dafür, dass mir dieses Thema so sehr zusagte, ist sicherlich, dass es – angesichts meines zweiten Unterrichtsfachs Geografie – meinen Interessen in doppelter Hinsicht entgegenkommt. Darum ist zu den Motiven für die Erstellung dieses Lernzirkels sicher auch der zu erwartende Spaß zu zählen, den ich bei der Arbeit daran (und damit) sicherlich haben würde! (Welche Erwartung dann auch nicht enttäuscht wurde.) Woran ich allerdings zumeist wenig (gegen Null tendierend) Spaß habe, ist das Formulieren, Formatieren und abschließende Korrekturlesen der Texte, ohne die ein Lernzirkel leider nicht auskommt. Hier kam mein Co-Autor (und Quasi-Sandkastenkamerad) Christoph Behning ins Spiel, der mir schon zuvor des Öfteren bei der Erstellung von Unterrichtsmaterial hilfreich zur Hand gegangen war, und besagten leidigen Aufgaben deutlich mehr abgewinnen kann als ich. Dieser Art von einander ergänzender Teamarbeit, worin jeder das tut, was ihm eher liegt als dem jeweils anderen, hatte sich schon zum wiederholten Male gut bewährt. Eine erste telefonische Anfrage, ob er wohl wieder dazu bereit wäre, handelte mir zumindest keinen abschlägigen Bescheid ein, und so nahmen die Dinge ihren Lauf ...

Sowohl die Vor- wie die (natürlich ebenfalls bestehenden) Nachteile des Stationenlernens dürften den meisten unter Ihnen wohl hinlänglich bekannt sein, weshalb es unnötig wäre und wohl auch den Rahmen dieses Buchs sprengte, sie hier noch einmal zu erörtern.

Zur Einführung des Lernzirkels in meiner Klasse bediente ich mich des Lieds „Flower of Scotland“, das mir hierfür aus verschiedenerlei Gründen sehr geeignet schien: Zum einen hat es als inoffizielle Nationalhymne Schottlands natürlich einen gewissen repräsentativen Wert. Dass es aufgrund dieser Funktion bei Länderspielen gesungen wird, erwies sich als weiterer Vorteil. Da die Schüler (zumindest meine) sich eher von einer aus vollem Halse mitgrölenden Menschenmenge im Fußballstadion begeistern lassen, als von einer schottischen Folkband, stellte ich es der Klasse in Form eines „YouTube“-Videos vor, worin es von dem Rugby-Nationalteam gesungen wird – unter Dudelsack-Begleitung und massiver Unterstützung seitens des Publikums, versteht sich.

Zudem strotzt das von mir verwandte Video nahezu von nationalen Symbolen, indem während der Dauer von einer knappen Minute all das Folgende darin auftaucht:

- **Rugby**,
- **Trachten** (mit **Kilt, Sporran** & allem Drum und Dran) tragende ...
- ... **Dudelsack**spieler,
- die **Nationalflagge** (weißes Andreaskreuz vor Dunkelblau), neben dem ...
- ... **Union Jack** im Winde flatternd sowie auch solche Fahnen, die ...
- ... das **Nationalwappen** (roter Löwe auf gelbem Grund) tragen.

Dieses Video* präsentierte ich der Klasse mit der alleinigen Erläuterung, dass nun eine neue UE beginne und hierfür nun bitte einer der Schüler den PC hochfahren und YouTube aufrufen möge. (Dies sollte jedoch unbedingt in einem gesonderten Raum oder aber vor Aufbau der Stationen erfolgen, da sonst die Stationen meiner Erfahrung gemäß zu viel Aufmerksamkeit vom Lehrer abziehen!) Nachdem der Freiwillige mit meiner Hilfestellung das bewusste Video gefunden hatte, ließ ich die um den PC versammelte Klasse zunächst einmal ohne jedweden Kommentar das Filmchen anschauen (und -hören!). Dann fragte ich in die Runde *„What have you just seen and heard?“*, woraufhin mir einiges des soeben Genannten aufgezählt wurde.

Falls die Schüler nichts (oder zu wenig) auf das Thema „Schottland“ hinweisendes erwähnen, kann man etwa folgendermaßen fortfahren (<u>keine</u> hierarchische Reihenfolge!):

- *„Which country's name was to be heard in the song?“*
- *„What kind of sport do you think are they going to play when they've finished singing?”*
- *„Which countries' flags were shown in the video?”*
- *„Can you name one (or more) of the flags?”*
- *„What musical instrument could be heard and seen in the video?”*
  *(Those who don't know its English name can name it in German.)”*
- *„You can find its name by yourself. Just do the following:*
  *First translate the German words 'Sack' and 'Pfeife' into English.*
  *And now put them together.”*
- *„What quite unusual kind of clothing did the bagpipers wear?”*
- *„Do you know a German or maybe an English name for those skirts?“*
  (... falls die Antworten „Kilt” und „Schottenrock” ausbleiben, aber zumindest Männerröcke erwähnt werden)

... und zudem:

- „So, now let's repeat all the things we've discovered in the video.”
- „Now, what do you think will our next English lessons be about?”

Da mittlerweile das Thema „Schottland“ wohl kaum noch unerwähnt geblieben sein dürfte, ist es nun natürlich sinnvoll, dass die Schüler auch erfahren, dass sie es sich im Rahmen eines Lernzirkels erarbeiten werden. Sowie: „All the questions left unanswered so far, will be answered then.”

Dann erhält jeder Schüler einen Heftstreifen, womit sie die im Folgenden zu bearbeitenden Blätter abheften und so ihr gesamtes Lernzirkel-Material gesondert in ihre Englisch-Mappe integrieren können. Ein weiterer Vorzug von Heftstreifen ist in diesem Fall das Fehlen eines rückwärtigen Deckels, weshalb auch das zuhinterst abgeheftete Blatt beschriftet werden kann, ohne dass man blättern müsste. Dies nutzte ich dafür, die Schüler dort die im folgenden erwähnten drei Blätter mit der Vorderseite nach hinten abheften zu lassen, da sie diese während des gesamten Stationenlernens brauchen werden.

Das Erste ist das „Evaluation Sheet“, das sie nun erhalten, und dessen Inhalt selbstverständlich vor Eröffnung des Lernzirkels erörtert werden sollte, um alle eventuellen Unklarheiten über dessen Verwendungsweise und -zweck bereits im Vorfeld auszuräumen. Der Text ist aus verschiedenerlei Gründen überwiegend in Deutsch gehalten:

- Zum einen ist er nicht Teil des Lerngegenstandes, weshalb ...
- ... ich finde, dass man die Schüler nicht unnötig viel Zeit mit dem Lernen solcher Vokabeln verlieren lassen sollte, die sie eigentlich noch nicht zu kennen brauchen, ...

* *http://www.youtube.com/watch?v=XA6cnXFiE6l* oder: YouTube-Mitgliedsname: „colinhendrie“; Titel des Videos: „Flower of Scotland Rugby V England 1990”

- ... womit sie bereits im Vorfeld zu frustrieren, auch nicht sonderlich sinnvoll wäre.

Viel wichtiger ist jedoch, die zur Verinnerlichung des Inhaltes erforderliche Zeit aufzuwenden, weil er einen nicht unbedeutenden Teil der strukturgebenden Rolle übernimmt, die im klassischen Frontalunterricht die Lehrkraft ausübt, was ihr in einem Lernzirkel jedoch deutlich mehr abverlangt. (Zudem kommen Sie hier ohnehin nicht gänzlich ohne Erlernen neuer Vokabeln davon, da sie sich die fünf Kriterien zur Selbstbewertung durchaus auf Englisch einprägen sollen.) Damit dies funktioniert, ließ ich sie das Blatt zunächst einmal still durchlesen. Falls der Lernzirkel nicht mehr am selben Tag eröffnet wird (was sich insbesondere dann empfiehlt, wenn dies im selben Raum geschehen soll), eignet sich die Verinnerlichung der Bewertungskriterien auch vorzüglich als Hausaufgabe. Im einen wie im anderen Fall sollte man sie zur Ergebnissicherung samt Definition noch einmal abfragen, bevor man die Schüler auf das wertvolle Unterrichtsmaterial loslässt.

Zu seinem eigentlichen Einsatz gelangt dieses Blatt dann kurz vor Ende der jeweiligen (Doppel-)Stunde, wenn die Schüler Rückschau halten sollen. Wie nicht anders zu erwarten, taten sich hierbei einige Schüler durch ein sehr hohes Arbeitstempo hervor (Selbstbewertung: Note 1 in jeder Kategorie!), weshalb es sich empfiehlt, den einen oder anderen, dem diese Aufgabe auffallend flink von der Hand geht, sein Ergebnis vortragen (und vor allem begründen) zu lassen. Sodann sollte man ihn zu jeder Kategorie befragen, wie er sich *nun*, nach solcher Reflexion, darin bewerten würde, und ihn seinen Tabelleneintrag dementsprechend korrigieren lassen. Ich selbst habe an diesem Punkt die Schülern kritisch zu ihrer Selbstbewertung danach befragt, welche Note sie ihrer Einschätzung nach von *mir* bekommen hätten.

Insbesondere hinsichtlich der Kategorie „Konzentration“, sollten sich jene, die besonders schnell davonhuschen wollen, die Frage gefallen lassen, wie gut sie sich bewertet haben (und wie wohl- bzw. unbegründet solche Einschätzung war).

Bewährt hat sich in meinem Unterricht auch das Verfahren, gegen Ende jeder Stunde einige wenige Schüler, die mir (ob nun negativ oder positiv) aufgefallen waren bzw. auch solche, die erfahrungsgemäß dazu neigen, es bei ihrer Selbstbewertung an Objektivität mangeln zu lassen (wobei natürlich auch hier Abweichungen in beiderlei Richtung geschehen) zwecks Reflexion noch kurz im Raum zu behalten. (Dies kann jedoch auch zu Beginn der Folgestunde noch nachgeholt werden, sollte man des einen oder anderen nicht mehr habhaft werden.)

Das zweite dieser drei Blätter trägt die Überschrift „Stationenlernen – wie ging das noch mal?“ und ist aus ebendenselben Gründen wie das vorige zweisprachig gehalten. Auch die Verfahrenweise sollte dieselbe sein wie zuvor: Es zunächst still lesen lassen, dann den Inhalt abfragen. Zu der „Station Map“ auf diesem Blatt gälte es evtl. noch anzumerken, dass die Kategorisierung in Pflicht-, Ausweich- und Zusatzstationen in erster Linie der Berücksichtigung der verschiedenen Leistungsniveaus und (freilich teilweise daraus resultierenden) Arbeitstempi der Schüler dient. Wer bereits vor Ende des Lernzirkels, alle Pflicht- und Zusatzstationen absolviert hat, kann evtl. bisher unbearbeitete Ausweichstationen als weitere Zusatzstationen nutzen. Auch eher lernschwächere Schüler, die jedoch alle Pflichtstationen frühzeitig hinter sich gebracht haben, denen aber die (bewusst etwas anspruchsvoller gehaltenen) Zusatzstationen möglicherweise etwas zu schwierig sind, können stattdessen ebenfalls die Ausweichstationen bearbeiten.

Als drittes Blatt sollen die Schüler dort eine (entweder komplett selbst angefertigte oder die Kopien der Vokabelliste, S. 24) Vokabelliste abheften, worin sie alle jene Vokabeln mit deutscher Übersetzung festhalten sollen, die sie im Verlauf der Unterrichtseinheit nachschlagen mussten.

Ein viertes Blatt, das sie noch vor Beginn des Stationenlernens kennenlernen, ist die mit „Zeichenerklärung“ betitelte Legende, worauf die – obwohl weitgehend selbsterklärend – auf den Arbeitsblättern verwandten Symbole aufgeschlüsselt sind. Dies brauchen Sie jedoch nicht zu kopieren, sondern nur an gut sichtbarer Stelle (an der das Arbeitsblatt bis zum Ende der Unterrichtseinheit verbleiben sollte) aufzuhängen und mit den Schülern zu besprechen.

Vor der Lernzirkel eröffnet wird, sollten die Schüler noch per Losverfahren auf die einzelnen Pflichtstationen verteilt werden (für die Lose s. S. 25).

Noch einmal bezugnehmend auf die Differenzen in Arbeitstempo und Leistungsniveau möchte ich in diesem Zusammenhang nicht versäumen, auf jenen zwar hinreichend bekannten, aber m. E. nichtsdestoweniger erwähnenswerten Vorteil des Stationenlernens hinzuweisen, das sehr gute Möglichkeiten zur Binnendifferenzierung bietet. Da man es kaum jemals mit einer absolut homogenen Lerngruppe zu tun hat, halte ich dies nicht nur für Klassen integrierter Gesamtschulen (wie der meinen) für relevant.

Hätte man es tatsächlich mit einer völlig homogenen Lerngruppe zu tun, erübrigte sich eine Methode wie das Stationenlernen beinahe, da einer ihrer großen Vorzüge ja die Möglichkeit ist, über eine breit gefächerte Methodenvielfalt eine Vielzahl von Lerntypen zu bedienen. (Welchem Anspruch wir hoffentlich gerecht geworden sind.) Als Thema der folgenden Unterrichtseinheiten kann ich die Commonwealth-Länder anempfehlen. Bei mir geschah dies u. a. mittels Referaten eines jeden Schülers. Zudem hieß ich sie noch ein steckbriefartiges Poster zu „ihrem" Land anfertigen. Dies schien mir nicht zuletzt aus jenem Grunde sinnvoll, da sie hier Manches zur Anwendung bringen können, das sie sich im Lernzirkel erarbeitet haben. (Behandlung eines Landes anhand vorgegebener *topics* wie beispielsweise Bevölkerungszahl und -dichte, Gesamtfläche, Hauptstadt etc. [s. folgende Stationen: „High- & Lowlands" u. „Big Cities" sowie „Facts & Figures]!) Darüber hinaus haben sie anhand des Lernzirkels bereits eines dieser Länder (sehr eingehend) exemplarisch behandelt, und wissen deshalb auch, unter wie vielen verschiedenen Gesichtspunkten man sich mit einem Land beschäftigen kann. Das neu erlernte Vokabular ist ebenfalls noch präsent und daher sehr hilfreich.

Zum anderen tritt man hiermit jenem (durchaus nicht unberechtigterweise) des Öfteren geäußerten Vorbehalt gegenüber der Verwendung von Lernzirkeln im Sprachunterricht entgegen, welcher darauf verweist, dass Sprachen dazu da seien, gesprochen zu werden, und mündliche Unterrichtsanteile darum hier keinesfalls fehlen dürfen. Dieses tatsächliche Defizit würde durch eine solche Anschluss-Unterrichtseinheit mehr als kompensiert.

Zur Durchführungsdauer: In Bremen wird Englisch in den Klassen 9 und 10 mit drei Wochenstunden unterrichtet, deren zwei in meinem Fall in einer Doppelstunde zusammengefasst waren, was für das Stationenlernen von großem Vorteil ist. Bei dieser Konstellation benötigte ich vier Wochen bzw. zwölf Unterrichtsstunden für die Durchführung des Lernzirkels. (Natürlich kann der Lernzirkel auch reduziert werden.)

# Ein kurzes Resümee

Dieser Lernzirkel war der fünfte, den ich während meiner Tätigkeit als Lehrerin durchgeführt habe, womit ich zwar nicht mehr ganz unerfahren in diesem Bereich, andererseits aber sicherlich auch keine von den führenden Experten bin. Daher habe ich mich entschieden, soweit mir dies praktikabel erschien, hier anstelle guter Ratschläge für die Durchführung lieber eine Rekapitulation meiner eigenen Erfahrungen (einschließlich der weniger erfreulichen) mit diesem Lernzirkel folgen zu lassen.

Einer der diesem Lernzirkel anzurechnenden Pluspunkte war sicherlich das durchweg beobachtbare, ungewohnt hohe Niveau von Motivation und Interesse, das einerseits gewiss auch darauf zurückzuführen war, dass diese Methode per se als willkommene Abwechslung zur gewohnten Unterrichtsform begrüßt wurde. Dieses hat freilich nicht nur gute Seiten, da die ungewohnte Freiheit von dem einen oder anderen auch gern mal missbraucht wird. So möchte ich auch nicht unterschlagen, dass diese Unterrichtsmethode sich nicht für jede Lerngruppe empfiehlt. Ich persönlich habe auch schon in Klassen unterrichtet, in denen ich so etwas nicht ohne Weiteres durchführen würde. Andererseits kann man hier auch positive Überraschungen erleben, indem manch sonst eher kontraproduktiver Schüler plötzlich unerwartet gut mitarbeitet.

Beispielsweise war in meiner Klasse ein eher eigenbrötlerischer Schüler, der zuvor häufig dadurch aufgefallen war, dass er mit auf der Tischplatte liegendem Kopf und geschlossenen Augen sein Desinteresse am Unterrichtsgeschehen nicht zu verhehlen vermochte. Sprach ich ihn darauf an, sagte er mit aller Regelmäßigkeit etwa: „Sie wissen doch: Ich hab kein' Bock auf Englisch!" oder „Ich kann das nicht!". Gerade dieser Schüler jedoch, der das Fach Englisch für sich schon abgeschrieben zu haben schien, erwies sich nun als einer der motiviertesten und selbstständigsten Lerner.

Drei weitere, eher zu den lernschwächeren zu zählende und im gewohnten Unterricht sehr unsichere und darum mit Wortmeldungen sehr zurückhaltende Schülerinnen taten sich nun ebenfalls durch ein ungeahnt hohes Maß an Arbeitseifer hervor, der auch durchaus gute Ergebnisse erzielte. Sie schienen regelrecht aufzublühen, was sicher auch von der nun wegfallenden Barriere ihrer starken Redehemmungen herrührte und ihr (zuvor nicht so sehr zur Geltung gekommenes) eigentlich lebendiges Interesse an dem Fach offenbarte. Eine der drei war im regulären Unterricht meist nicht bei der Sache und zeitweilig regelrecht anstrengend aufgrund ihrer Störungen, die hier jedoch zu meiner Freude gänzlich unterblieben. Zwei von ihnen lösten ihre Aufgaben weitgehend in Partnerarbeit, die ich, entgegen üblicher Handhabung, zwar nicht ausdrücklich gestattete, jedoch bei lernschwächeren Schülern (wenn auch nur untereinander) um der höheren Motivation willen tolerierte.

Zwei weitere Schüler, von denen ich mangelnde Mitarbeit zugunsten umso angeregterer und ausgedehnterer Unterhaltungen gewohnt war, ließen sich jedoch auch mit dem Lernzirkel nur für die Dauer der ersten Stunde „ködern".

Danach gingen sie wieder zu ihrer alten Gewohnheit über, den Unterricht lieber für private Gespräche zu nutzen. Dieses jedoch mit dem einen Unterschied, dass niemand dadurch gestört wurde, was nicht nur für die Klasse, sondern auch für mich deutlich stressfreier war. Denn statt sie ständig zum Schweigen ermahnen zu müssen, damit der Rest der Schüler die Chance hat, etwas zu lernen, konnte ich mich darauf beschränken, sie in regelmäßigen Abständen an ihr zu erfüllendes Lernpensum zu erinnern.
Andere Schüler (die drei leistungsstärksten Jungen) nutzten nach einigen Stunden Arbeit an den Pflichtstationen das ihnen von mir gewährte ungewohnte Maß an Freiheit bei der Einteilung ihrer Zeit dazu, „'ne Runde Skat zu kloppen". Nach eigenem Gutdünken Pausen einzulegen, hatte ich ihnen auch zugestanden, nur drohte *diese* dann doch arg lang zu geraten, weshalb ich sie darauf ansprach. Zu ihrer Rechtfertigung führten sie ihr (tatsächlich) hohes bereits bewältigtes Arbeitspensum an, das es ihnen erlaube, sich ein wenig mehr Zeit zu lassen. Dem hielt ich entgegen, dass ich sie nach ebendenselben Maßstäben bewerten würde, die sie auch auf sich selbst anwenden sollten, wozu eben das Arbeitstempo durchaus nicht, sehr wohl aber beispielsweise konzentriertes und strukturiertes Arbeiten zählte. Sie sollten sich evtl. überlegen, welche Note ich ihnen in diesen Kategorien angesichts solchen Verhaltens geben würde. Zudem wies ich sie darauf hin, dass sie zwar nur noch wenige Stationen zu bearbeiten hätten, diese ihnen aber möglicherweise etwas mehr Arbeitsaufwand abverlangen könnten, als sie jetzt dächten. Zudem zeichneten sich diese drei nicht nur durch ein hohes Leistungsniveau, sondern auch durch entsprechend viel Ehrgeiz aus, und wussten auch, dass ich als Voraussetzung für die Vergabe einer 2 oder gar 1 im Halbjahres-

zeugnis mindestens das Erreichen der Zusatzstationen erwartete. Sie zettelten dann auch keine lange Diskussion an, sondern zeigten sich einsichtig.

Bei Einsatz einer Unterrichtsmethode, die den Schülern per se so viel Freiheit einräumt, wie es ein Lernzirkel tut, kann man sich freilich nicht vollständig gegen Schummeleien seitens bequemer Schüler feien. So tat sich auch hier eine Clique vierer Mädchen durch auffallend große Einheitlichkeit in ihren Antworten (leider auch bezüglich der darin verwandten fehlerhaften Schreibweisen) hervor. So schrieben sie geschlossen „... at the font of a chip ...“ anstatt „... at the front of a ship ...” (an der Station „Puzzling Flags”). An einer anderen Station („Scottish Heroes“, AB: „Terms and Descriptions“) glänzten sie durch erstaunliche Originalität bei der Neuinterpretation der dort aufgelisteten Begriffe, indem eine von ihnen beispielsweise ein Antibiotikum beschrieb als ein tragbares Gerät zum Führen von Gesprächen über eine räumliche Distanz hinweg (und selbst noch nach Ergebnisabgleich anhand der Lösungsmappe auf solch eigenwilliger Definition beharrte). Dies war umso erstaunlicher, als sie dennoch zum richtigen Lösungssatz gelangt war. Aller Wahrscheinlichkeit nach hatte sie (wie einige andere auch) zunächst einmal nur den abgespickten Lösungssatz eingetragen, und erst nachträglich die eigentlich zum Zustandekommen der Lösung nötigen Verbindungslinien eingezeichnet (welche Mühe sich manch anderer übrigens gar nicht erst machte). Ein weiteres Beispiel einer originellen Begriffsumdeutung war die Erklärung, ein „author“ sei „a machine, mostly found in pubs, that plays records when fed with coins“.

Es ließen sich noch weitere Beispiele dafür anführen, wie Schüler unter Auslassung des Lösungweges dennoch erstaunlicherweise zu richtigen Ergebnissen gelangten, die allein schon ihrer nahezu bewundernswerten Dreistigkeit wegen Erwähnung verdient hätten, so dies denn hierher gehörte. Wo ich solches rechtzeitig bemerkte, intervenierte ich meist mit der Frage, welche Benotung hinsichtlich der Eigenständigkeit ihrer Arbeit solche „Abkürzungen“ wohl verdient hätten. Woraufhin drei der vier Mädchen sich noch einmal den schon erledigt vermeinten Stationen widmeten und sie schließlich auch ohne Hilfe richtig lösten.

Alles in allem jedoch stellt dieser Lernzirkel (wie auch alle vier zuvor von mir durchgeführten) eine eindeutig auf der Positivseite meines bisherigen Erfahrungsschatzes zu verbuchendes Ereignis dar. Den Schülern scheint es da nicht anders gegangen zu sein, was einerseits ihre Arbeitsergebnisse andererseits, aber auch ihr Feedback nahelegen. (Z. B.: „Das war cool, Frau Quade!“ nach Abschluss des Lernzirkels. Oder: „Machen wir heute mit dem Lernzirkel weiter?“, seitens Schülern, die mich auf dem Flur oder Schulhof trafen. Oder: „Warum machen *wir* so 'was nicht?“ seitens Schülern anderer Klassen, die vom Flur aus einen Blick in den Raum warfen.)

Dass ich entgegen vorherrschender Auffassung die Arbeitsergebnisse der Schüler korrigiert und sie auch während des Stationenlernens nicht ganz sich selbst überlassen, sondern hier und da kontrolliert und auch interveniert habe, liegt daran, dass ich einen Teil der Klasse für noch nicht selbstständig und eigenverantworlich genug hielt, den Lernzirkel auch ohne Kontrolle erfolgreich zu absolvieren. Mit solchem Fehlverhalten, wie ich es oben beschrieben habe, hatte ich deswegen auch durchaus gerechnet. Genauer gesagt, blieb es weit hinter meinen Befürchtungen zurück. Für sie war es erst der zweite Lernzirkel; und auch Selbstständigkeit will (zumindest meiner Meinung nach) gelernt sein, wozu mitunter auch Hilfestellung von Lehrerseite nötig sein kann. Zum anderen bestätigte sich meine Erwartung, dass es einigen schwerfallen würde, ihre bisherigen (den landläufigen weitgehend entsprechenden) Vorstellungen von guter Leistung (möglichst schnell zu vorzeigbaren Resultaten zu gelangen) abzulegen, und das Tempo zugunsten der Qualität zu drosseln. Und nicht zuletzt wollte ich den Schülern die aus der den zu erwartenden guten Ergebnissen entsprechend positiven Benotung derselben resultierende Motivation nicht von vornherein versagen.

# Was noch zu bedenken wäre ...

In jedem Falle empfiehlt es sich (so irgend möglich), sich einen für die gesamte Dauer der Durchführung des Lernzirkels exklusiv hierfür zur Verfügung stehenden Raum zu „reservieren". Da die Lehrerzimmer vieler Schulen durch die Einführung von Teamräumen weitgehend verwaist sind (evtl. nur noch für Konferenzen genutzt werden), könnte man möglicherweise dorthin ausweichen, falls sich kein anderer Raum finden sollte.

Falls man sich für keinen Raum „die Exklusivrechte sichern" kann, besteht die Möglichkeit, „Stations-Patenschaften" einzurichten. Das hieße, dass für den Auf- & Abbau jeder Station jeweils mindestens ein Schüler (möglichst freiwillig) die Verantwortung übernimmt. Hierfür empfehlen sich besonders jene Schüler, welche die jeweilige Station als Erste besucht haben. Damit sie jedoch wissen, was genau sie zu tun haben, kommt die Lehrkraft leider nicht umhin, den ersten Aufbau selbst zu erledigen.

Die Mappen mit den Lösungsblättern sollten gesammelt und nach Kategorie bzw. Farbe sortiert, an einem gesonderten Tisch ausliegen (s. Farbversionen, CD), worauf auch Wörterbücher zu finden sein sollten.

Für jedes Arbeitsblatt existierte eine eigene Lösungsmappe mit Klarsichthüllen, deren jede wiederum ein Arbeitsblatt (bzw. eine Seite eines solchen) sowie auf der Rückseite das dazugehörige Lösungsblatt enthielt.
So lässt sich weitgehend sicherstellen, dass die Schüler beim Aufsuchen des „Lösungstisches" immer nur die jeweilig zu überprüfenden Lösungen erfahren. Um wirklich sichergehen zu können, finde ich persönlich (entgegen vorherrschender Auffassung) es auch legitim, sich vor der Zulassung zu den Lösungen das bearbeitete Blatt vorzeigen zu lassen.

## Für jede Station erforderlich:

- Die dazugehörigen **Arbeitsblätter**,
- je Arbeitsblatt ein **Kasten** o. Ä., um zu verhindern, dass der Arbeitsblattstapel zu stark derangiert wird. Hier haben sich Deckel von Kopierpapierkartons bewährt (je nach AB-Format sowohl A3 als auch A4). Sie lassen sich gut für künftige Lernzirkel wiederverwenden.
- **Lösungsbögen** (einer pro bearbeitende Seite)
- **(Papp-)Träger für das Stationsschild** (in der Farbe der jeweiligen Kategorie), worauf eine Klarsichthülle zum Einschieben des Schildes befestigt sein sollte. Diese Vorrichtung ist ebenfalls gut wiederverwendbar.
- **Wörterbuch** (eines je Station sollte genügen, eventuell zusätzlich benötigte wären vom Lösungstisch zu holen)

# Vorschlag zur Anordnung der Stationen

Als Orientierungshilfe für die Anordnung der Stationen hier eine schematische Darstellung des Lernzirkels, wie ich ihn in meiner Schottland-Unterrichtseinheit aufgebaut hatte.

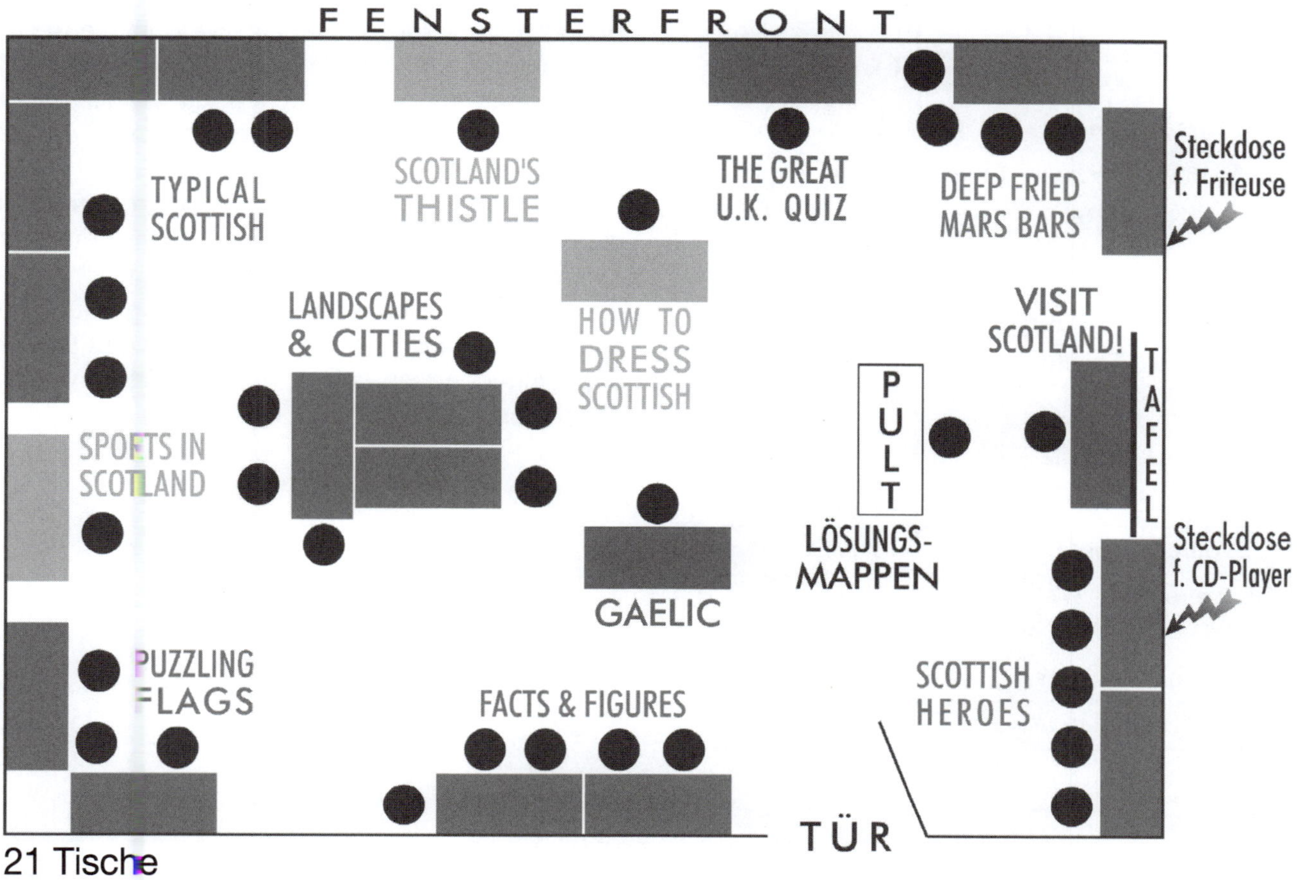


21 Tische
36 Stühle

Da die Klassenstärke in Integrierten Gesamtschulen die 25 (die auch als Obergrenze für das Stationenlernen angesehen wird) nicht überschreiten sollte, wird es höchstwahrscheinlich nötig sein, zusätzliches Mobiliar zu besorgen! Falls Möbel oder Platz fehlen, können Stationen, die nur ein Arbeitsblatt beinhalten, an einem Tisch zusammengelegt werden. Was die Stühle angeht, sollten sie mindestens in der Anzahl der Schüler vorhanden sein.

(Farbversion, s. CD)

# Vorbereitung der einzelnen Lernstationen

| BENÖTIGTE KOPIERVORLAGEN | | |
|---|---|---|
| Deep Fried Mars Bars | | 2 x A4 |
| Facts & Figures | 1 x A3 | |
| High- & Lowlands +<br>Big Cities of Scotland | 1 x A3<br>1 x A3 | 1 x A4 } 1 x A4 |
| Puzzling Flags | 1 x A3 | 1 x A4 |
| Scottish Heroes | 1 x A3 | 1 x A4 |
| Typical Scottish | 1 x A3 | 2 x A4 |
| How to dress Scottish | 1 x A3 | |
| Sports in Scotland | | 1 x A4 |
| Scotland's Thistle | | 1 x A4 |
| Gaelic | 1 x A3 | 3 x A4 |
| U. K. Quiz | 1 x A3 | |
| Visit Scotland | | 1 x A4 |
| Evaluation Sheet | | 1 x A4 |
| "Stationenlernen – wie geht das noch 'mal?" | | 1 x A4 |
| (Vokabelliste) | | (1 x A4) |
| G e s a m t: | 9 x A3 | 16 (17) x A4 |

Die Arbeitsblätter zu den **Pflichtstationen** sollten mindestens in der Anzahl der Schüler vorliegen.
Für die **Ausweichstationen** hingegen reicht es aus, sie zumindest vorerst in geringerer Menge (etwa der Hälfte) zu kopieren, und erst im Bedarfsfalle weitere anzufertigen.
Die **Zusatzstationen** brauchen, da zunächst tabu, anfangs nur mit jeweils einem einzigen Exemplar bestückt zu werden.
In meinem Unterricht erwies es sich als sinnvoll, die Schüler (unter Verweis auf das Bewertungskriterium der Rücksichtnahme) darauf hinzuweisen, dass nur ein Exemplar je Schüler vorliegt. Daraufhin gingen sie pfleglicher als gewohnt mit den Blättern um, schrieben teils auf separaten Blättern vor und sodann auf den Arbeitsblättern ins Reine.

| AUSSERDEM BENÖTIGTES | | |
|---|---|---|
| Friteuse ☐ | Milch ☐ | 4 rote Schnellhefter ☐ |
| Rührschüssel ☐ | Fett / Öl ☐ | CD-Player ☐ |
| Schneebesen ☐ | Heftstreifen (in Schülerzahl) ☐ | CDs mit schottischer Musik ☐ |
| Würstchenzange ☐ | Wörterbücher (mind. 12 Stk.) ☐ | Computer mit Internetzugang* ☐ |
| 4 Gabeln und ein Esslöffel ☐ | Laminiergerät & -folien (A4) ☐ | Klebeband (bspw. „Abdeckband“) ☐ |
| mind. 1 Teller ☐ | Klarsichthüllen ☐ | A4-Papier in 5 Pastellfarben** ☐ |
| kl. Mars–Riegel ☐ | Atlanten (mind. 2 Stk.) ☐ | **AUF SCHÜLERSEITE:** |
| Mehl ☐ | Karton in Ampelfarben ☐ | Scheren |
| Maismehl ☐ | 12 grüne Schnellhefter ☐ | Bunt- oder Filzstifte (rot, blau, gelb, schwarz) |
| Backpulver ☐ | 2 (3) gelbe Schnellhefter ☐ | Klebestifte |
| Metallsieb zum Reinigen des Fetts ☐ | evtl. Verlängerungsschnur ☐ | |

(In meinem Fall wurde ein Teil der hierfür anfallenden Kosten [namentlich jene für Friteuse und Zutaten] aus Schulmitteln gedeckt.)

* vornehmlich zum Aufrufen der Seiten *www.leo.org* & *www.youtube.com*
** für die Station „Typical Scottish“

## ZUM ARBEITSAUFWAND:

- Anfertigen von Aufstellern für die Stationsschilder (wiederverwendbar für weitere Projekte)
- Organisieren von Behältnissen für die Arbeitsblätter (Deckel von Kopierpapier-Kartons eignen sich hierfür bestens und sind zudem kostenlos)
- Ausfindigmachen der Steckdosen
- Umstellen der Tische und Stühle
- Kopieren der Arbeitsblätter (bei Zeitnot können die Zusatzstationen warten)
- Anbringen jener Blätter, die fester Bestandteil von Lernstationen sind, an den selbigen. (sind als solche kenntlich gemacht)
- Organisieren von Wörterbüchern (mind. 1 je Station)
- Ggf. Organisieren und Bereitstellen eines CD-Players (f. d. Station „Scottish Heroes")
- Organisieren und Bereitstellen einer Friteuse sowie der Zutaten (Mars-Riegel, Mehl, Maismehl, Backpulver, Milch, Öl oder Fett f. d. Friteuse)
- Organisieren des Geschirrs und sonstigen Küchengerätes (mind. 1 Teller und 4 Gabeln, jew. 1 Rührschüssel, Esslöffel, Schneebesen und Würstchenzange o. Ä., evtl. Tischdecke u. feuchter Lappen)
- Fertig- und Bereitstellung der Lösungsmappen*



* Hier hat es sich (wie bereits erwähnt) bewährt, die Lösung eines jeden einzelnen Arbeitsblattes in einem separaten Ordner abzuheften und diesem als Deckblatt (einerseits zum Verdecken der Lösung, andererseits wegen der leichteren Zuordnung zuoberst eine Kopie des jeweiligen AB einzuheften. Mit dieser Verfahrensweise lässt sich am ehesten sicherstellen, dass stets nur die jeweils relevante Lösung eingesehen wird.

# Die Lernstationen

## 1. PFLICHTSTATIONEN (grün)

### Deep Fried Mars Bar

| BENÖTIGTE KOPIEN | |
|---|---|
| Arbeitsblatt 1 | DIN A4 |
| Arbeitsblatt 2 | DIN A4 |

Die Station ist sicherlich für die Lehrkraft am arbeitsintensivsten.
Dies nicht zuletzt wegen der zwischenzeitlich anfallenden „Ölwechsel" (oder Reinigungen des Öles durch Sieben im erkalteten Zustand). In meinem Unterricht kam es leider dazu, dass Reste des Teiges den Korb der Friteuse verklebten, wodurch auch einige Zeit für dessen Reinigung anfiel. (Einweichen dringend empfohlen!)

Zur Vermeidung potenzieller Kabel-Stolperfallen sollte die Friteuse unbedingt in der Nähe einer Steckdose aufgestellt werden. (Aufgrund des nicht jedermann angenehmen Frittiergeruchs wäre auch Fensternähe – oder anderweitige Belüftungsmöglichkeit – anzuraten.)
Wegen des recht zeit- und arbeitsaufwendigen Prozederes kann leider nur eine einzige Gruppe pro (Doppel-)Stunde diese Köstlichkeit kaledonischer Kochkunst verkosten.

- **1 kl. Friteuse** organisieren (bereits ab 15,– € erhältlich)

sowie folgende Küchenutensilien:
- **Rührschüssel**
- **Schneebesen**
- **Würstchenzange** (hölzern oder mit ummantelten Griffen)
- **4 Gabeln** und mindestens **1 Teller**

Folgende Zutaten besorgen:
- **kl. Mars-Riegel** („Mars minis") in der Anzahl der Schüler
- **Mehl** (Typ 405)
- **Maismehl** (in gut sortierten Supermärkten erhältlich)
- **Backpulver od. Natriumbikarbonat**
- **Milch**
- **Fett od. Öl** für die Friteuse

Gut gestärkt, müssen die Schüler alle benutzten Geräte und den Arbeitstisch säubern. Der Friteuse muss sich leider die Lehrkraft annehmen, da das Erkalten des Fettes zu viel Zeit in Anspruch nimmt, und es zu gefährlich wäre, sie eher zu reinigen.

**Methodische Ziele:**
- Zielgerichtetes Erarbeiten bisher unbekannten Vokabulars durch Abgleich der im Rezept benannten Dinge mit den an der Station vorgefundenen Utensilien. Aktivierung von Vorwissen und Nachschlagen.
- Umsetzen des neu erworbenen Wissens auf der enaktiven Ebene.
- Zusätzliche Erfahrbarmachung des Lerninhaltes über den gustatorischen und (leider auch) olfaktorischen Sinneskanal.

**Inhaltliche Ziele:**
- Bekanntwerden mit der charakteristischen Besonderheit der schottischen Küche, Lebensmittel verschiedenster Art in Backteig zu frittieren (wie beispielsweise auch frisch gebackene Pizza!).

- Aneignung des Küchenvokabulars. Man bedenke nur einmal, dass in manchen Lehrbüchern über genmanipulierte Nahrung diskutiert wird, aber grundlegendstes, in der eigenen Muttersprache selbstverständliches (weil tagtäglich benötigtes!), Vokabular manchem Schüler nie vermittelt wird. (Z. B.: *apron, stir, cutlery, pinch, pour, boil usw.*)

### Facts & Figures

| BENÖTIGTE KOPIEN | |
|---|---|
| Arbeitsblatt | 1 x DIN A3 |

**Methodische Ziele:**
- Gezieltes Herausfiltern der gefragten Informationen anhand von Scanning.
- Vokabular nachschlagen (sei es im gedruckten oder im Online-Wörterbuch) und dessen jeweils richtige Übersetzung erkennen.
- Festigung des Erlernten auf grafomotorischer Ebene.

**Inhaltliche Ziele:**
- Aneignung für die Orientierung in einem englischsprachigen Land wichtigen bzw. hilfreichen Vokabulares, (das zu einem Gutteil im regulären Unterricht nicht vermittelt wird) ...

- … und das zudem sehr vonnutzen ist, da man eine UE über die Commonwealth-Staaten anschließen kann, worin die Schüler einzelne Staaten (evtl. unter Zuhilfenahme steckbriefartiger Poster) vorstellen sollen.

## Landscapes & Cities

| BENÖTIGTE KOPIEN | |
|---|---|
| Arbeitsblatt | 1 x DIN A4 (Landkarte) |

Dieses Thema spaltet sich in die Teilthemen **High- & Lowlands** und **Big Cities of Scotland** auf. Das *Arbeitsblatt* **Landscapes & Cities** wird deshalb erst nach Bearbeitung beider Teilstationen ausgefüllt. (Es erwies sich als sehr probate Lösung, beide Stationen zusammen an einem großen Rechteck, das aus drei Tischen zusammengeschoben wurde, unterzubringen. So brauchte ich für die Stationsschilder nur einen Ständer, den ich, beidseitig mit Stationsschildern beklebt, in der Mitte der Fläche platzierte.

## High- & Lowlands

| BENÖTIGTE KOPIEN | |
|---|---|
| Arbeitsblatt | 1 x DIN A3 |

Die beiden farbigen Seiten mit den „Highland Impressions“ und den „Lowland Impressions“ laminieren und auf dem Tisch befestigen.

- Mind. 1 Atlas oder 1 Karte von Schottland oder Großbritannien auf den Tisch legen.

**Methodische Ziele:**
- Sätze sinnentnehmend Lesen.
- Abgleich und Zuordnung auf symbolischer Ebene aufgenommener Inhalte mit/zur Festigung auf grafomotorischer Ebene.

**Inhaltliche Ziele:**
- Erlangung eines groben Überblickes über die geografischen Gegebenheiten Schottlands und die hauptsächlichen Unterschiede zwischen High- & Lowlands.
- Die Schüler sollen ihr topografisches Verständnis auf die zuvor erlernten Inhalte anwenden.

## Big Cities of Scotland

| BENÖTIGTE KOPIEN | |
|---|---|
| Arbeitsblatt 1 + 2 | 1 x DIN A3 |
| Arbeitsblatt 2 | 1 x DIN A4 |

Die drei farbigen Seiten mit den Fotos von Aberdeen, Glasgow und Edinburgh laminieren und auf dem Tisch befestigen.

- Mind. 1 Atlas oder 1 Karte von Schottland oder Großbritannien auf den Tisch legen.

**Methodische Ziele:**
- Texte auf verschiedene Weisen lesen:
  Zunächst eher den Gesamtsinn erfassend *(skimming)*
  und sodann gezielt bestimmte Einzelinhalte entnehmend *(scanning)*.
- Veranschaulichung der Textinhalte durch Foto-Impressionen von den drei Metropolen.
- Sicherung der wichtigsten Lerninhalte in einer Tabelle.

**Inhaltliche Ziele:**
- Bekanntwerden mit den drei größten Städten Schottlands, und ihrer unterschiedlichen Bedeutung für das Land.
- Die Schüler sollen ihr topografisches Verständnis auf die zuvor erlernten Inhalte anwenden.

## Puzzling Flags

| BENÖTIGTE KOPIEN | |
|---|---|
| Arbeitsblatt 1 | 1 x DIN A4 |
| Arbeitsblatt 2 + 3 | 1 x DIN A3 |

**Vorbereitung:**
- Die drei zerlegbaren Flaggen von Schottland, Nordirland, und England zuschneiden und deren Teile laminieren.
  (Bei meiner Durchführung des Lernzirkels kamen Moosgummi-Versionen der Flaggen zum Einsatz, da uns die praktikablere Laminierfolien-Variante zunächst nicht in den Sinn gekommen war. [„Warum einfach, wenn's auch umständlich geht?“])
- Die farbigen Flaggen sowie die Schildchen mit deren Namen ausschneiden und laminieren.
- Eine Schachtel zur Aufbewahrung der (8) fertigen Kärtchen finden (oder anfertigen).

- Einen Atlas für diese Station organisieren.

**Methodische Ziele:**
- auf der ikonischen einerseits, wie der symbolischen Ebene andererseits abgebildete Inhalte einander enaktiv zuordnen.
- Veranschaulichung der Bedeutung des Begriffes „Vereinigtes Königreich“ auf visueller und motorischer/haptischer Ebene durch Zusammensetzen des Union Jack aus den einzelnen Landesflaggen (bzw. aus Elementen derselben).
- Sicherung des Lernerfolges auf grafomotorischer Ebene (Ausmalen und schriftliche Benennung der Flaggen).

**Inhaltliche Ziele:**
- Korrektur der vielfach bestehenden Identifikation Großbritanniens mit England.
- Inhaltliche Abgrenzung der Begriffe „Vereinigtes Königreich“ und „Großbritannien“ gegeneinander.
- Klärung der geografischen Lage der Länder des Vereinigten Königreiches innerhalb desselben.
- Kennenlernen bzw. Auffrischen der Kenntnis der Flaggen der Länder des Vereinigten Königreiches und ihrer Namen.

## Scottish Hereos

| BENÖTIGTE KOPIEN | |
|---|---|
| Arbeitsblatt 1 | 1 x DIN A3 |
| Arbeitsblatt 2 | 1 x DIN A4 |

- CD-Player organisieren (oder Computer mit Internetzugang, sofern man dies verantworten mag).

Die Liste der „Scottish Heroes“ laminieren (oder in eine Klarsichthülle stecken) und auf dem Tisch befestigen.

- Die Station in Nähe zu einer Steckdose positionieren (zur Vermeidung potenzieller Kabel-Stolperfallen).

Als Anregung hier die Titelliste der von mir verwandten Stücke:

| | | |
|---|---|---|
| LULU | — | Shout |
| ROD STEWART | — | You're In My Heart |
| ANNIE LENNOX (EURYTHMICS) | — | Sweet Dreams |
| AMY MCDONALD | — | Poison Prince |
| SNOW PATROL | — | Run |
| TRAVIS | — | Flowers In The Window |
| FRANZ FERDINAND | — | Take Me Out |
| THE FRATELLIS | — | Henrietta |
| SHIT DISCO | — | I Know Kung Fu |

Ein- und ausgeleitet habe ich die Präsentation mit Zusammenschnitten von James-Bond-Film-Zitaten. Zur Einleitung nahm ich solche, welche die typische Vorstellungsformel „My name is Bond — *James Bond*“ enthalten. Den Abschluss bildeten solche mit der Nennung seines Leib-und-Magen-Cocktails: „Vodka-Martini—shaken, not stirred“. (Diese Zitaten-Potpourris habe ich komplett vorgefertigt bei YouTube heruntergeladen.)

Dass die Musik ständig im Hintergrund lief, da ich den Schülern diesbezüglich (unter Einhaltung eines Lautstärken-Limits) freie Hand gelassen hatte, war dem Unterrichtsablauf keineswegs abträglich, sondern trug vielmehr zur Verbesserung der Arbeitsatmosphäre bei.

**Methodische Ziele:**
- Sinnentnehmend Lesen.
- Sicherung der Lerninhalte durch Zuordnen von Begriffen zu ihren Definitionen.
- Mangelndes Textverständnis kann durch Nutzung der Zahlenrätsel-Methode kompensiert werden, sodass auch lernschwächere Schüler/-innen zum Ziel gelangen können.
- Satzteile anhand deren Struktur einander zuordnen können.

**Inhaltliche Ziele:**
- Die Schüler sollen sich bewusst machen, welche (insbesondere gemessen an seiner relativ geringen Größe und Macht) enorme Fülle an kreativen Geistern Schottland hervorgebracht hat, denen wir einige der bedeutendsten (oder zumindest prägendsten) Erfindungen der Neuzeit verdanken, ohne die die Welt, wie wir sie kennen, gar nicht vorstellbar wäre (Dampfmaschine, Telefon, Penicillin, Fernsehen, [luftgefüllte] Reifen).

### Typical Scottish

| BENÖTIGTE KOPIEN | |
|---|---|
| auszuschneidende Bilder | 1 x DIN A3 |
| Arbeitsblatt 1 | 1 x DIN A4 |
| Arbeitsblatt 2 | 1 x DIN A4 |

Hierfür wird ein Laminiergerät benötigt sowie, auf Schülerseite, Klebestifte und Scheren.

Bei dieser Station gilt zu bedenken, dass neben den zwei eigentlichen Arbeitsblättern noch der Bogen mit den auszuschneidenden Fotos (in gleicher Stückzahl) kopiert werden muss. Hierbei wären vorzugsweise alle neun Bilder auf einem A3-Bogen unterzubringen.

Die Überschriften und Beschreibungen sollten in fünf verschiedenfarbigen Sätzen vorliegen. (Vorzugsweise in Pastelltönen, um möglichst keine Verwechslung mit der Prioritäts-Kennzeichnung zu erlauben und natürlich auch der Leserlichkeit wegen.) Zur Erhöhung ihrer Lebensdauer empfiehlt es sich, sie zu laminieren.

Die fünffache Ausfertigung ist erforderlich, weil dies eine der zeitintensivsten Stationen ist, weshalb sich hier immer eine recht große Schülerzahl aufhalten wird. Als ich mit dem Lernzirkel begann, war sie mit nur vier Sätzen ausgestattet, die, wie ich bald feststellen musste, bei einer Lerngruppengröße von 24 Schülern leider nicht ausreichten.

Dies ist jene Station, wofür die Schüler ihre mitgebrachten Scheren und Klebestifte benötigen.

**Lernziele:**
**Methodische Ziele:**
- Sinnentnehmend Lesen.
- Auf der ikonischen einerseits wie der symbolischen Ebene andererseits abgebildete Inhalte einander enaktiv zuordnen.
- Verinnerlichung der Lerninhalte auf grafomotorischer Ebene.

**Inhaltliche Ziele:**
- Vertrautwerden mit typischen Elementen schottischer Kultur und Tradition.
  (Themenbereiche: Landesküche & -tracht, landestypische Tänze & Musikinstrumente, Brauchtum, nationale Symbole, traditionelle Sozialstrukturen, Legenden)

## 2. AUSWEICHSTATIONEN (gelb)

### How to dress Scottish

| BENÖTIGTE KOPIEN | |
|---|---|
| Arbeitsblatt 1 + 2 | 1 x DIN A3 |

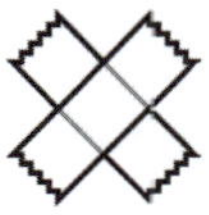

Die beiden zur Station gehörigen Farbbilder-Seiten (jene mit den mit Namen versehenen Tartans, überschrieben „How to dress Scottish“, sowie jene mit den verschiedenen Beispielen für ihre Verwendung, betitelt „Tartan goes Fashion“) laminieren und auf dem Tisch befestigen.

**Inhaltliche Ziele:**
- Bekanntwerden mit traditioneller schottischer Landestracht, insbesondere mit Tartans und ihrer erstaunlichen Vielseitigkeit und Langlebigkeit in der Modewelt als Evergreen unter den Stoffdessins.
- Die Schüler sollen wissen, dass jeder Clan sein eigenes Tartan hat.

(Weiteres hierüber wird an der Station „Typical Scottish“ vermittelt.)

- Bekanntwerden mit der fremdartig (und von der des Englischen stark verschiedenen) wirkenden Schreibweise einzelner (schottisch-)gälischer Wörter.
  (Nicht zuletzt zur Verdeutlichung des geringen Verwandtschaftsgrades)

**Methodische Ziele:**
- Sinnentnehmendes Lesen zwecks Befähigung zur Zuordnung der Namen der einzelnen Bestandteile der Tracht zu ihren Abbildungen.
- Abgleich der symbolischen Ebene entnommener Inhalte mit auf ikonischer Ebene abgebildeten.
  Alle weiteren Stationen (abgesehen von „Scotland's Thistle“), nämlich:
  - **Sports in Scotland,**
  - **Gaelic — the Language of the Gaels,**
  - **The great U.K. Quiz** sowie
  - **Visit Scotland ...**

  ... bedürfen keiner besonderen Vorbereitung.

### Sports in Scotland

| BENÖTIGTE KOPIEN | |
|---|---|
| Arbeitsblatt | 1 x DIN A4 |

**Inhaltliche Ziele:**
- Information über die am stärksten mit Schottland assoziierten international bekannten Sportarten.
- Kennenlernen der Entstehungsgeschichte des Golfsports.

**Methodische Ziele:**
- Spezielle Rätselform.
- Vergleich zwischen Kästchen und Wortliste.
- Aus Satzbaukenntnissen auf Wortart schließen.

### Scotland's Thistle

(„Notting Hill Gate" 5a, Test 7, Aufgabe 3)

| BENÖTIGTE KOPIEN | |
|---|---|
| „Notting Hill Gate" 5a, Test 7, Aufgabe 3 | 1 x DIN A4 |

Falls Sie mit „Notting Hill Gate 5" arbeiten, können Sie es verwenden, um die Aufgabe von Test 7 im Anhang des Lehrerhandbuchs mit in den Lernzirkel aufzunehmen. Dann sollten Sie jedoch die Informationen von Seite 105 an der Station auslegen, um einer fälschlichen Assoziation zum Lied „Flower Of Scotland" vorzubeugen.

Die Seite „Flower of Scotland" einzubringen, ist jedoch ohnehin lohnenswert, sofern Sie sich zur Einführung in den Lernzirkel dieses Liedes bedienen.

**Inhaltliche Ziele:**
- Kennenlernen der Distel als schottisches Nationalsymbol und der Ereignisse, die sie dazu machten.

**Methodische Ziele:**
- Abgleich der symbolischen Ebene entnommener Inhalte mit auf ikonischer Ebene abgebildeten.
- Sicherung des Abgleichsergebnisses über Nummerierung der Beschreibungen nach Position des beschriebenen Bildes.
- Verinnerlichung des Lerninhaltes über die grafomotorische Ebene.

## 3. ZUSATZSTATIONEN (rot)

### Gaelic – the Language of the Gaels

| BENÖTIGTE KOPIEN | |
|---|---|
| Arbeitsblatt 1 + 2 | 1 x DIN A3 |
| Arbeitsblatt 3 | 1 x DIN A4 |
| Arbeitsblatt 4 | 1 x DIN A4 |
| Arbeitsblatt 5 | 1 x DIN A4 |

Hierfür muss die Seite mit der Überschrift „Dont know Gaelic? – Sure you do!" umhüllt und am Tisch befestigt werden.

**Inhaltliche Ziele:**

Die Station soll …
- … vermitteln, dass (und warum) in Schottland ursprünglich andere Sprachen als Englisch vorherrschten.
- … einen groben Überblick über die Kultur der Kelten sowie ihre signifikantesten Unterschiede zu der römischen geben.
- … den (Haupt-)Grund für das weitgehende Verschwinden der keltischen Kultur vermitteln.
- … über die heutige Verbreitung des Gälischen in Schottland informieren.
- … zeigen, dass trotz des Aussterbens des Gälischen einige Relikte sich in den Wortschatz des heutigen Englisch hinübergerettet und einzelne sogar weltweite Verbreitung als Lehnwörter gefunden haben.

**Methodische Ziele:**
- Sinnentnehmend lesen.
- Spezielle Rätselform lösen lernen (Silbenrätsel).
- Eine demografische Karte interpretieren können.
- Schriftliche Sicherung der Lerninhalte.
- Festigung der Lerninhalte über die Grafomotorik.

## The great U.K. Quiz

| BENÖTIGTE KOPIEN | |
|---|---|
| Arbeitsblatt 1 + 2 | 1 x DIN A3 |

**Inhaltliche Ziele:**
- Abfragen einer breit gefächerten Auswahl von Inhalten der Pflichtstationen.

**Methodische Ziele:**
- Lernerfolgs(selbst)kontrolle

## Visit Scotland

| BENÖTIGTE KOPIEN | |
|---|---|
| Arbeitsblatt | 1 x DIN A4 |

**Inhaltliche Ziele:**
- Inhalte sind von den Schülern anhand des Maßes ihrer Repräsentativität frei wählbar.

**Methodische Ziele:**
- Versuch, das als für Schottland charakteristisch Verstandene aus den an den anderen Stationen aufgenommenen Lerninhalten in einer (knappen) prägnanten Form auf kreative Weise auszudrücken.

### Mögliche Zusatzaufgabe:

Es bietet sich an, die Schüler als Hausaufgabe ein Deckblatt für ihre Mappe anfertigen zu lassen.

# Evaluation Sheet (= Bewertungsbogen) for the learning stations

**WICHTIG!**
Beim Stationenlernen geht es nicht vorrangig darum, in möglichst kurzer Zeit möglichst viele Ergebnisse vorweisen zu können.
Vielmehr geht es darum, sich **eigenständig Ergebnisse zu erarbeiten** und dabei Verantwortung für das eigene Lernen zu übernehmen sowie auch dafür, dabei die anderen nicht zu behindern.
Das bedeutet nicht nur, miteinander respektvoll umzugehen, sondern auch mit den Unterrichtsmaterialien, da die anderen sie auch brauchen, um zu ihren Ergebnissen zu kommen.
**Darum werden bei der Beurteilung des Stationenlernens, die folgenden Bewertungskriterien besonders stark berücksichtigt.**

## Evaluation Criteria (= Bewertungskriterien): Ask yourself the following questions!

1. **Consideration: Did I take care not to disturb the others?**
(Rücksichtnahme: Habe ich darauf geachtet, die anderen nicht zu stören?)

   Nicht unnötig umherlaufen; nicht unnötigerweise reden – falls doch nötig, dann nicht zu laut.

2. **Tidiness: How tidily was I working**?
(Ordentlichkeit: Wie ordentlich habe ich gearbeitet?)
Wie ordentlich habe ich die Stationen hinterlassen? Wie ordentlich bin ich mit meinen Texten umgegangen? (Sauber geschrieben? / Alles abgeheftet? / Nichts zerknickt, zerknüllt?)

3. **Concentration: Did I concentrate on my work?**
(Konzentration: Habe ich mich auf meine Arbeit konzentriert?)

4. **Structure: How well did I structure my time?**
(Struktur: Wie gut habe ich meine Zeit eingeteilt?)
Habe ich mich mit dem Wesentlichen befasst oder mich von Nebensächlichkeiten ablenken lassen, mich verzettelt?

5. **Autonomy: How far did I work by myself?**
(Eigenständigkeit: Wie eigenständig habe ich gearbeitet?)
Das heißt nicht, dass ihr etwa alles allein lösen müsst, sondern Eigenständigkeit bedeutet auch, sich Hilfe zu holen (1. aus den Texten an den Stationen, 2. aus Büchern, 3. von Mitschülern), wenn man etwas nicht allein lösen kann.

## YOUR EXERCISE!

Evaluate your own working by using the usual marks from 1 to 6. Be honest!
(Bewerte deine Arbeitsweise mit dem gewohnten Notensystem [1 bis 6]. Sei ehrlich!)

| Date ▶ | | | | | | | | | | |
|---|---|---|---|---|---|---|---|---|---|---|
| 1. Consideration | | | | | | | | | | |
| 2. Tidiness | | | | | | | | | | |
| 3. Concentration | | | | | | | | | | |
| 4. Structure | | | | | | | | | | |
| 5. Autonomy | | | | | | | | | | |

# Stationenlernen – Wie geht das noch mal?

1. Beginne an der Station, die dir zugeteilt wird.
2. An den meisten Stationen liegen Arbeitszettel. Hefte sie ab!
3. **Löse die Aufgaben, kontrolliere deine Ergebnisse und verbessere sie, falls nötig.**
4. Hake die durchlaufene Station auf der Stations Map (Stationen-Pass) ab.
5. Suche eine nicht voll belegte Station mit grünem Schild. (Die Reihenfolge ist egal.)
6. Falls alle grünen Stationen voll belegt sind, gehe zu einer gelben Station.
7. Wenn du alle grünen Stationen durchlaufen hast, gehe zu einer roten Station.

## Pay attention to the following (Beachte Folgendes!)

- Take your time and read the exercises carefully.
  (Nimm dir Zeit und lies die Aufgaben genau durch.)
- Try to find the answers on your own.
  (Versuche, die Lösungen selbstständig zu finden. )
- Don't disturb the others unless you need their help.
  (Störe die anderen nicht bei der Arbeit, es sei denn, du brauchst ihre Hilfe.)
- Treat the equipment carefully. Tidy up the station before leaving it.
  (Gehe behutsam mit den Materialien um! Räume die Station auf, bevor du sie verlässt!)

## Stations Map (Tick every station you've finished!)

| Tick here! | STATION NAME | | maximum number of persons |
|---|---|---|---|
| ✓ | **compulsory stations** (Pflichtstationen) (green) | | |
| | **DEEP FRIED MARS BAR** | | **4 persons (teamwork)** |
| | **FACTS & FIGURES** | | **not more than 5 persons at a time** |
| | **LANDSCAPES & CITIES** | **BIG CITIES** | **not more than 3 persons at a time** |
| | | **HIGH- & LOWLANDS** | **not more than 3 persons at a time** |
| | **PUZZLING FLAGS** | | **not more than 3 persons at a time** |
| | **SCOTTISH HEROES** | | **not more than 5 persons at a time** |
| | **TYPICAL SCOTTISH!** | | **not more than 5 persons at a time** |
| ✓ | **bypass-stations** (Ausweichstationen) (yellow) | | |
| | **HOW TO DRESS SCOTTISH** | | **not more than 6 persons at a time** |
| | **SPORTS IN SCOTLAND** | | **not more than 6 persons at a time** |
| | **SCOTLAND'S THISTLE** (Notting Hill Gate 5a) | | **not more than 6 persons at a time** |
| ✓ | **additional stations** (Zusatzstationen) (red) | | |
| | **GAELIC** | | **not more than 7 persons at a time** |
| | **U.K. QUIZ** | | **not more than 9 persons at a time** |
| | **VISIT SCOTLAND!** | | **not more than 9 persons at a time** |

# Learning Stations Vocabulary Sheet

On this sheet write down all vocabulary you had to *look up* (nachschlagen)!

| ENGLISH | GERMAN |
|---|---|
| tidiness | Ordentlichkeit |
| consideration | |
| | |
| | |
| | |
| | |
| | |
| | |
| | |
| | |
| | |
| | |
| | |
| | |
| | |
| | |
| | |
| | |
| | |
| | |
| | |
| | |
| | |
| | |
| | |
| | |
| | |
| | |
| | |
| | |
| | |
| | |

# Jetzt geht's LOS! NUTZEN SIE BEI DER ERÖFFNUNG DES LERNZIRKELS DIESE LOSE ZUR VERTEILUNG DER SCHÜLER AUF DIE PFLICHTSTATIONEN!

| | | | | |
|---|---|---|---|---|
| TYPICAL SCOTTISH | TYPICAL SCOTTISH | TYPICAL SCOTTISH | TYPICAL SCOTTISH | TYPICAL SCOTTISH |
| SCOTTISH HEROES | SCOTTISH HEROES | SCOTTISH HEROES | SCOTTISH HEROES | SCOTTISH HEROES |
| FACTS & FIGURES | FACTS & FIGURES | FACTS & FIGURES | FACTS & FIGURES | FACTS & FIGURES |
| DEEP FRIED MARS BAR | DEEP FRIED MARS BAR | DEEP FRIED MARS BAR | DEEP FRIED MARS BAR | PUZZLING FLAGS |
| PUZZLING FLAGS | PUZZLING FLAGS | LANDSCAPES & CITIES (Start with "BIG CITIES"!) | LANDSCAPES & CITIES (Start with "BIG CITIES"!) | LANDSCAPES & CITIES (Start with "BIG CITIES"!) |

# ZEICHENERKLÄRUNG

# ZEICHENERKLÄRUNG

1 2 3 … Platz des jeweiligen Arbeitsblatts in der Reihenfolge der Bearbeitung.

Arbeitsanweisung

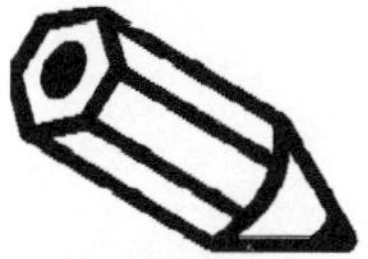

Hier muss geschrieben, gezeichnet oder ausgemalt werden.
Entsprechende Stifte sind erforderlich.

Ergebnisse abgleichen!

Dieses Blatt ist fester Bestandteil der Station.
Bitte nicht von der Station bzw. aus der Lösungsmappe entfernen.

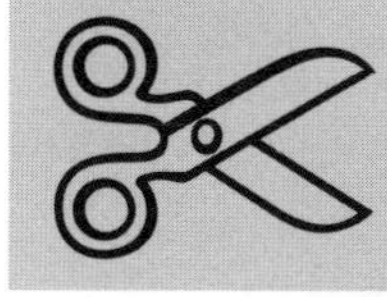

Hier wird eine Schere benötigt.

Hier wird Klebstoff gebraucht.

# PFLICHT Stationen

(Farbversion, s. CD)

(Farbversion, s. CD)

# DEEP FRIED MARS BAR 1

☞ **BEFORE YOU START DO THE FOLLOWING THINGS:**

1. Have a look at the table.

2. Try to think of the English names of the things thereon *(darauf)*.
   (Don't know all of them? — Don't worry, they're all written in the recipe.)

3. Read the recipe. Compare the things listed on it to those on the table.
   Thus *(so, auf diese Weise)*, try to find out the words you haven't found yet.

4. Get a dictionary *(Wörterbuch)* and a sheet of paper *(Blatt Papier)*.

5. ✎ List up the following words on your sheet of paper and translate them!
   (Have a look at the **EXAMPLE**!)

   **deep fry, bar, invent, source, require, preparation, ingredients, table spoon, wheat flour, corn flour, pinch, baking soda, chill, freeze, add, batter, consistency, thin, cream, basket, pour, "minimum" mark, switch (~ on / ~ off), lamp, turn (~ on / ~ off), remove, wrapper, coat, careful, lower, slightly.**

**EXAMPLE:**

**VOCABULARY FOR DEEP FRIED MARS BAR RECIPE** ✎

| **ENGLISH** | | **GERMAN** |
|---|---|---|
| deep fry | = | frittieren |
| bar | = | Riegel |
| invent | = | ... |

**FINISHED? CHECK YOUR RESULTS!**

# DEEP FRIED MARS BAR 2

Invented in Scotland, this dish has now become famous worldwide. It is an excellent source of fat, sugar and calories.
Required time: 10 min (+ 5 min for preparation)

**Ingredients:**

- 4 Mars bars or Milky Way bars
- 2 table spoons wheat flour
- 1 table spoon corn flour
- 1 pinch baking soda
- milk
- oil (for deep frying)

**Directions:** (If you do the recipe at school steps 1. & 5. are already done!)

1. Chill the chocolate bar by keeping it in the fridge, but don't freeze it.

2. Mix the flours and bicarbonate of soda (baking soda) together.
3. Add milk until you get a batter with the consistency of thin cream.
4. Take the basket out of the deep fryer.
5. Pour oil into the deep fryer until it (at least) reaches the "min" (minimum) mark.
6. Switch on the fryer and adjust the temperature to 180° C.

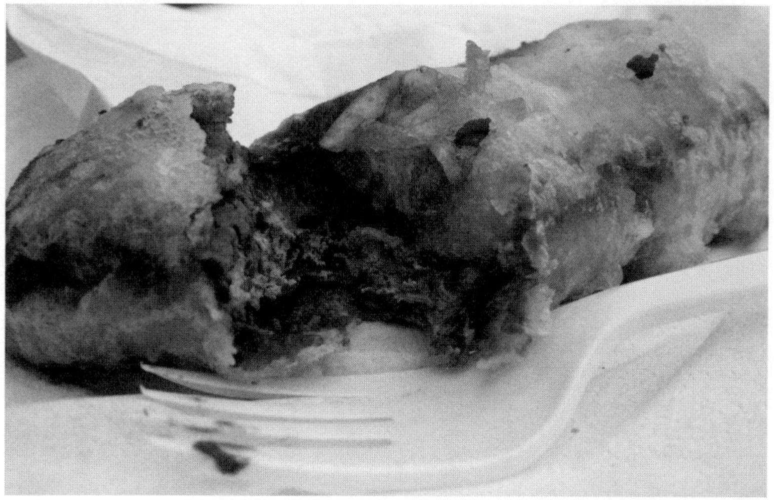

7. Wait until the "HEAT" lamp turns off.
   Using a fryer without heat lamp? Then test the temperature by putting small piece of bread into the oil.
   If it will brown within a few seconds the oil is hot enough.
8. Remove the wrapper from chilled chocolate bar.
9. Coat completely in batter.
10. Put the battered mars bars into the basket and carefully lower it into the hot oil*.
11. Switch off the fryer and take out the basket. Enjoy your meal!

* Slightly shake the basket from time to time to keep the Mars bar from sticking at the metal. Fry until golden brown.

# DEEP FRIED MARS BAR

**VOCABULARY FOR DEEP FRIED MARS BAR RECIPE**

| ENGLISH | | GERMAN |
|---|---|---|
| deep fry | = | frittieren |
| bar | = | Riegel |
| invent | = | erfinden |
| source | = | Quelle |
| require | = | benötigen, erfordern |
| preparation | = | Vorbereitung |
| ingredients | = | Zutaten |
| table spoon | = | Esslöffel |
| wheat flour | = | Weizenmehl |
| corn flour | = | Maismehl |
| pinch | = | Prise |
| baking soda | = | Natron, Natriumbikarbonat |
| chill | = | kühlen |
| freeze | = | gefrieren |
| add | = | hinzufügen |
| batter | = | Backteig |
| consistency | = | Beschaffenheit, Konsistenz |
| thin | = | dünn |
| cream | = | Sahne |
| basket | = | Korb |
| pour | = | gießen, schütten |
| "minimum" mark | = | Mindestfüllstandsmarkierung |
| switch (~ on / ~ off) | = | (an-/aus-)schalten |
| lamp | = | Lampe (hier eher: Licht) |
| turn (~ on / ~ off) | = | (an-/aus-)schalten |
| remove | = | entfernen |
| wrapper | = | Verpackung, Umhüllung |
| coat | = | bedecken, ummanteln |
| careful | = | vorsichtig |
| lower | = | absenken |
| slightly | = | leicht, behutsam |

# FACTS & FIGURES

(Farbversion, s. CD)

# FACTS & FIGURES 1

Imagine ***(imagine something = sich etwas vorstellen)*** you're taking a trip to Scotland! Having arrived, you're quite exhausted ***(erschöpft)***, and so you decide ***(decide = entscheiden)*** to chill a bit in the hotel lounge.

Being a bit bored you look around for something to pass the time ***(sich die Zeit vertreiben)*** and — yeah! — there's a public computer on a table at the other side of the room and nobody's using it at the moment. So you move over there and seat yourself in front of it.

Thinking that it wouldn't be that bad to have some information on the country you're in, you decide to look up **Scotland** on the English **WIKIPEDIA**.

A friendly waiter just passing by notices what you're doing. He gives you the hint ***(Hinweis)*** that for people new to the UK it could also be helpful to visit the following site: *http://projectbritain.com/london/practicalities.htm*

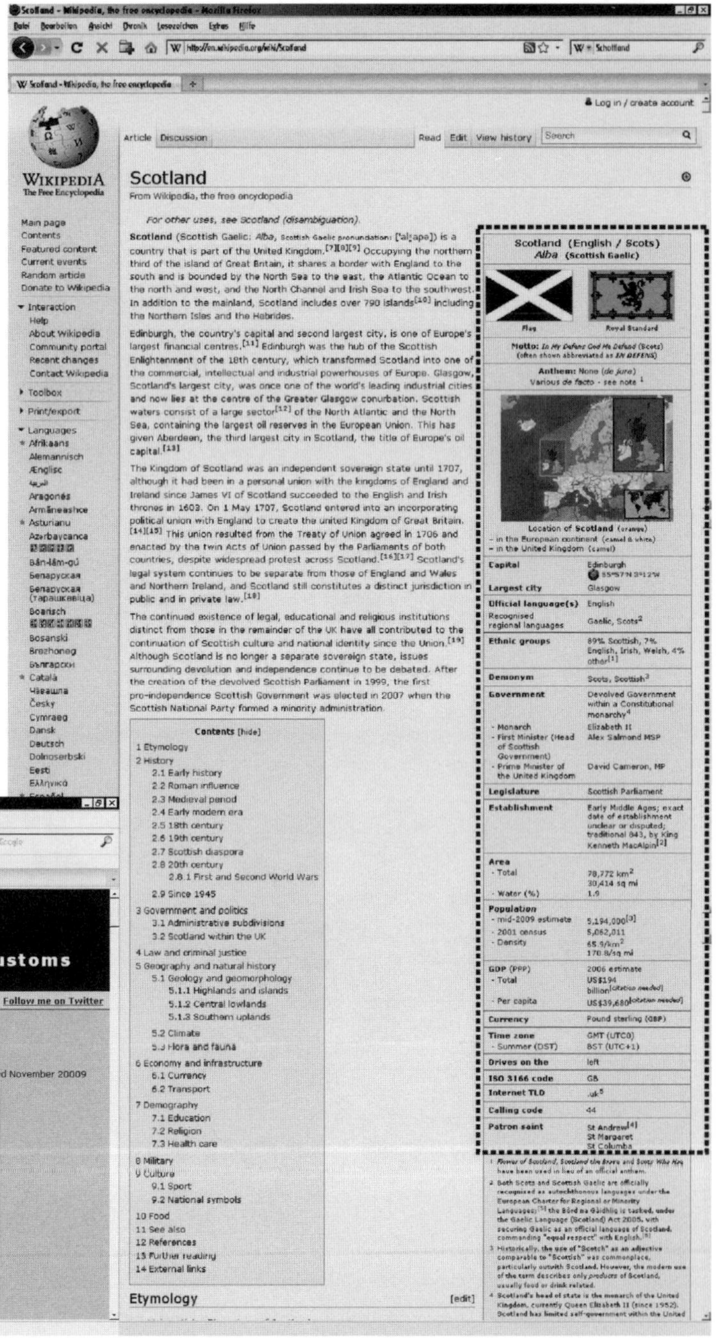


Jesus, so much to read!

But having a closer look you recognize (***recognize = hier: erkennen)*** that both websites have a lot of headlines.

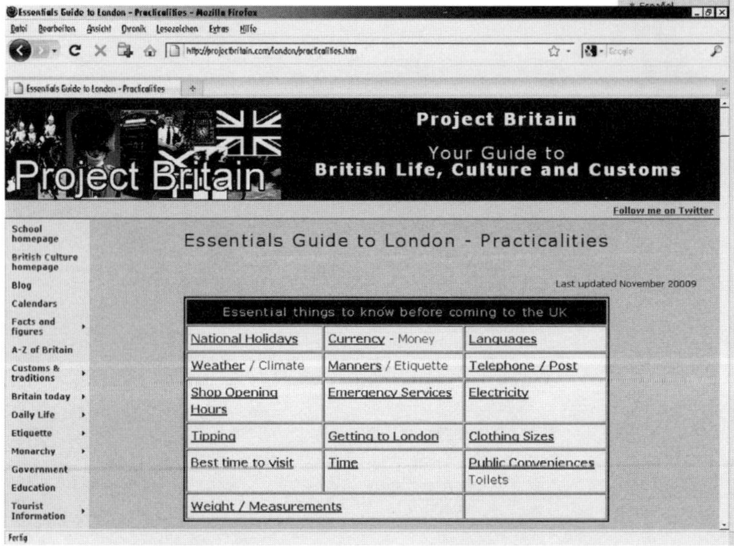


You start translating the headlines to find out what parts of the texts are important to you …

Kerstin Quade/Christoph Behning: Lernzirkel „Scotland“ · Best.-Nr. 724


# FACTS & FIGURES 2 ~ Topic list

Those are the topics you found the web pages you visited. But you still have to find out which of them could be interesting for you.

☞ So you take out your dictionary and translate them into German.

| English | German |
|---|---|
| area | |
| calling code[1] | |
| capital | |
| climate | |
| clothing sizes | |
| culture | |
| currency | |
| economy | |
| electricity | |
| emergency service | |
| flora and fauna | |
| geography | |
| government | |
| health care | |
| history | |
| infrastructure | |

| English | German |
|---|---|
| internet TLD[2] | |
| largest city | |
| manners | |
| national holidays | |
| national symbols | |
| official language | |
| politics | |
| population | |
| population density | |
| Pound (GBP[3]) | |
| public conveniences | |
| shop opening hours | |
| time zone | |
| tipping | |
| weather | |

**CHECK YOUR RESULTS!**

1 calling code = (hier: Länder-)Vorwahl. Für ganz Großbritannien, also auch für Schottland, lautet sie 0044.
Die von Deutschland ist übrigens 0049. Davor muss stets entweder 00 oder + gewählt werden, damit das Telefonat als Auslandsgespräch erkannt wird.
2 TLD = top level domain = „Bereich oberster Ebene“, (unter anderem die Nationalitätenkennungen „.de“ für Deutschland und „.uk“ für Großbritannien)
3 GBP = die Buchstaben stehen für „Great Britain Pound“, man sagt jedoch nur “Pound Sterling“.

# SOLUTION

# FACTS & FIGURES 2 ~ Topic list

| English | German |
|---|---|
| area | Fläche |
| calling code[1] | Vorwahl |
| capital | Hauptstadt |
| climate | Klima |
| clothing sizes | Kleidergrößen |
| culture | Kulture |
| currency | Währung |
| economy | Wirtschaft |
| electricity | Elektrizität |
| emergency service | Notfalldienst |
| flora and fauna | Flora und Fauna (Pflanzen- und Tierwelt) |
| geography | Geografie |
| government | Regierung(sform) |
| health care | Gesundheitsfürsorge, med. Versorgung |
| history | Geschichte |
| infrastructure | Infrastruktur (Versorgungs- und Wegenetz) |

| English | German |
|---|---|
| internet TLD[2] | Top-Level-Domain (Nationalitätenkennung) |
| largest city | größte Stadt |
| manners | Umgangsformen, Manieren |
| national holidays | Nationalfeiertage |
| national symbols | Nationalsymbole |
| official language | Amtssprache |
| politics | Politik |
| population | Bevölkerung(szahl) |
| population density | Bevölkerungsdichte |
| Pound (GBP[3]) | Pfund (Sterling) |
| public conveniences | öffentliche(s) Bedürfnisanstalt/WC |
| shop opening hours | Ladenöffnungszeiten |
| time zone | Zeitzone |
| tipping | Geben von Trinkgeld |
| weather | Wetter |

**CHECK YOUR RESULTS!**

1 calling code = (hier: Länder-)Vorwahl. Für ganz Großbritannien, also auch für Schottland, lautet sie 0044. Die von Deutschland ist übrigens 0049. Davor muss stets entweder 00 oder + gewählt werden, damit das Telefonat als Auslandsgespräch erkannt wird.
2 TLD = top level domain = „Bereich oberster Ebene“, (unter anderem die Nationalitätenkennungen „.de“ für Deutschland und „.uk“ für Großbritannien)
3 GBP = die Buchstaben stehen für „Great Britain Pound“, man sagt jedoch nur “Pound Sterling“.

(Farbversion, s. CD)

# BIG CITIES

ABERDEEN

GLASGOW

EDINBURGH

# OF SCOTLAND

# BIG CITIES OF SCOTLAND

☞ 1. Read the whole text once.

2. Have a close look at the schedule (Tabelle).

3. Read the text a second time to find out the information asked in the schedule.
Headline the information in the text. (Hebe die Informationen im Text hervor).

✎ 4. Read the whole text once.
Complete the schedule on page ❸. (Please use a pencil!)

**Glasgow** is situated in the West Central Lowlands at the Firth of Clyde, which is the name of an “arm” connecting the river Clyde with the Irish Sea.

The name “Glasgow” is an English spelling of the city’s ancient name glas cau, meaning “green hollow” (Germ.: “grüne Talmulde”). Its nickname “dear green place” refers to this old name but also to the fact that it has a lot of parks and trees.

Glasgow is Scotland’s biggest city and furthermore the third largest of the U.K. And in the late 19th century when as a result of the industrial revolution its population grew to more than one million it was even the fourth biggest city of Europe, after London, Paris and Berlin.

Although since then its population number has almost halved Glasgow is still an important industrial city, not least due to its important shipbuilding and engineering industries.

Moreover it has gained an important cultural role. One reason for this is that its numerous TV and radio stations and newspapers make it Scotland’s “media capital”. On the other hand it’s because of its many rock bands and music clubs which make the Glasgowegian nightlife so vivid and attractive. Last but not least Glasgow has two famous football clubs, which should also be mentioned here, the Glasgow Rangers and Celtic F.C.

**Edinburgh**, the capital of Scotland, is situated at the East Coast, at the Firth of Forth, an “arm” of the Sea connecting the river Forth with the North Sea.

It’s the country’s second largest city and it’s famous for its architecture, namely Edinburgh Castle and its many Greek-influenced buildings which gave it the nickname “Athens of the North”.

Another attraction is the Edinburgh Festival with its lots of music and theatre events. It takes place every summer, and is (apart from the city’s universities) an important factor in making Edinburgh also the cultural (not only poltical) capital of Scotland. These are two reasons why tourism belongs to Edinburgh's most important industries.

The important role of the universities can also be seen by the fact that students make up more than 20 % of Edinburgh's population.

Even if they're not that well-known, there are also two Premier League football clubs in Edinburgh: Heart of Midlothian and Hibernian F.C.

**Aberdeen** is located at Scotland's northern east coast, not far away from the country's oil drilling platforms. That's why Aberdeen's oil industry is so important for the city. But not only for Aberdeen itself but for whole Europe. It's even so important that Aberdeen is called the "oil capital of Europe".

It's Scotland's third biggest city and the most northern of its major cities, and it has the largest seaport of the Scottish north-east.

Because this region is characterized by its many granite rocks and cliffs granite has been the main building material for centuries here. Aberdeen's many granite buildings are one of the city's main attractions and the reason why Aberdeen got the nickname "Granite City". As granite sparkles silvery in the sunshine, "Silver City" is another nickname of Aberdeen.

The city has got a famous Premier League football club, Aberdeen F.C. which not only has won the Scottish Cup (for seven times), but also the European Cup Winners' Cup and the European Super Cup in 1983.

# BIG CITIES OF SCOTLAND

**Glasgow,**
by night

**Edinburgh,**
with the castle hill
in the background

**Aberdeen,**
view at the harbour
across the roofs

Kerstin Quade/Christoph Behning: Lernzirkel „Scotland“ · Best.-Nr. 724


# BIG CITIES OF SCOTLAND

| | | | |
|---|---|---|---|
| **Name** | | | |
| **Nickname** | | | |
| **Location** | | East (North Sea) Coast,<br>at the Firth of Forth | |
| **Number of Inhabitants** | 580.690 | 463.510 | 210.400 |
| **Special Significance** | An old industrial city/<br>Big music scene/<br>Headquarters of BBC Scotland | Political and cultural capital/<br>University town<br>(100.000 Students ≥ 20% of population) | |
| **Attractions** | Vivid nightlife | | |
| **Major industries** | | | Oil industries<br>(North Sea drilling platforms) |
| **Football** | | | |

**HAVE YOU FILLED IN EVERYTHING? THEN CHECK YOUR ANSWERS!**

# BIG CITIES OF SCOTLAND

| | | | |
|---|---|---|---|
| **Name** | Glasgow | Edinburgh | Aberdeen |
| **Nickname** | Dear Green Place | Athens of the North | Granite City/ Silver City |
| **Location** | In the West Central Lowlands, at the Firth of Clyde | East (North Sea) Coast, at the Firth of Forth | In the north-east, at the North Sea Coast |
| **Number of Inhabitants** | 580.690 | 463.510 | 210.400 |
| **Special Significance** | An old industrial city/ Big music scene/ Headquarters of BBC Scotland | Political and cultural capital/ University town (100.000 Students ≥ 20% of population) | „Oil Capital of Europe“ Scotland's largest seaport |
| **Attractions** | Vivid nightlife | Edinburgh Castle/ The Edinburgh Festival | Its numerous granite buildings |
| **Major industries** | Shipbuilding/Engineering | Tourism | Oil industries (North Sea drilling platforms) |
| **Football** | Glasgow Rangers/ Celtic F.C. | Heart of Midlothian F.C./ Hibernian F.C. | Aberdeen F.C. |

**HAVE YOU FILLED IN EVERYTHING? THEN CHECK YOUR ANSWERS!**

Kerstin Quade/Christoph Behning: Lernzirkel „Scotland“ · Best.-Nr. 724

(Farbversion, s. CD)

(Farbversion, s. CD)

(Farbversion, s. CD)

Dana Petroleum plc

AUF DEN TISCH KLEBEN!
(... oder anderweitig an der Station anbringen)

# ABER~ DEEN

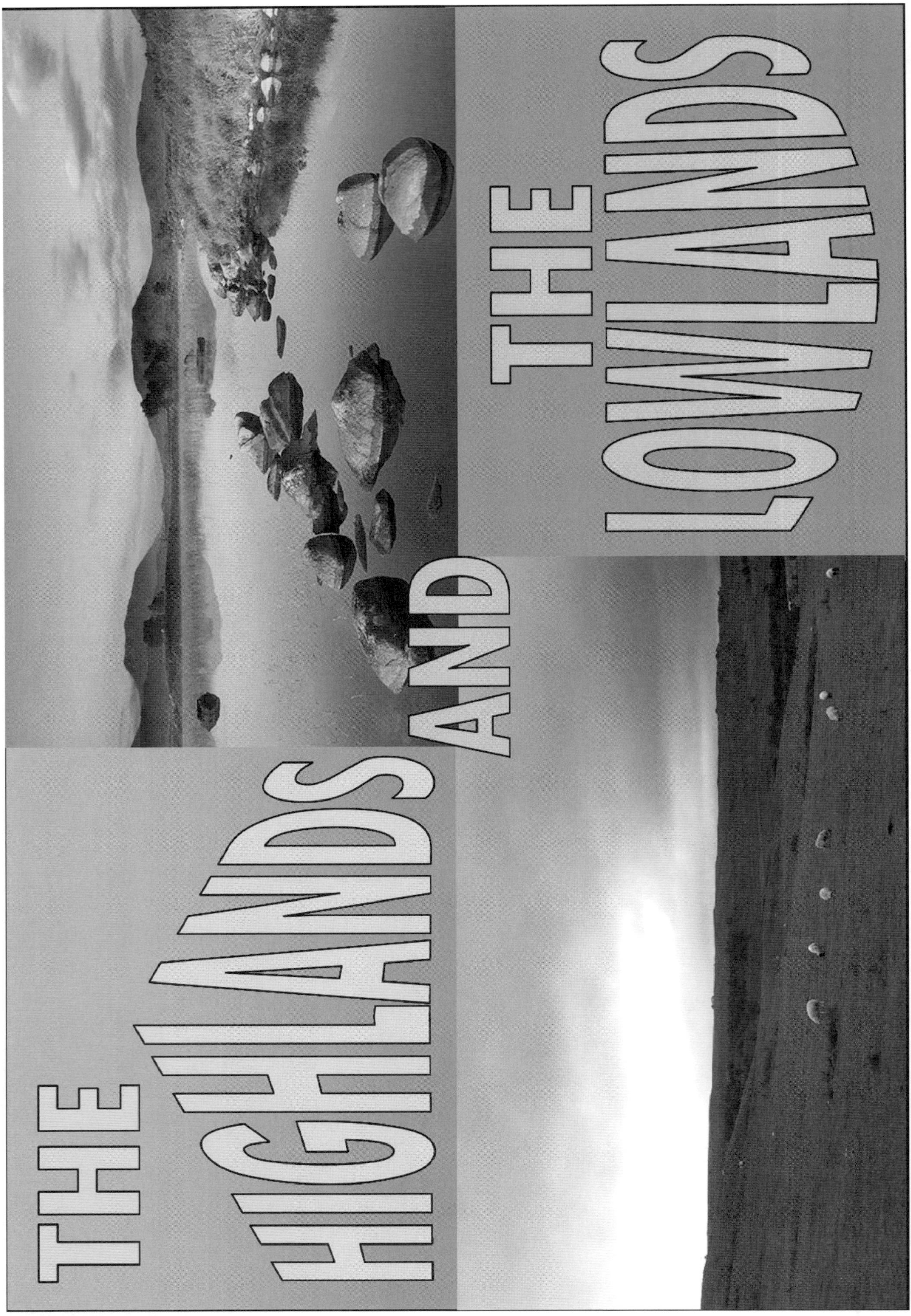


(Farbversion, s. CD)

# THE HIGHLANDS AND THE LOWLANDS

LANDSCAPES 4 & CITIES

**Scotland is divided up into two main parts:**

**The Highlands and the Lowlands.**

☞ **1. Match sentences and pictures:**

- **Each of the sentences below describes one of those two regions.**
- **Read the sentences and look at the pictures and find out which sentence fits which region.**
- **Write an "H" or an "L" behind each sentence depending on wether it describes the Highlands or the Lowlands.**

- This area has mountains, lakes (lochs), and moors. Amongst them are Ben Nevis, Britains highest mountain (1343 mtrs, that's a bit higher than the *Brocken*), and famous Loch Ness. ____
- A lot of islands belong to this region e. g. the Hebrides, the Orkney Islands and the Shetland Islands.____
- It's not as wild here as it is in the highlands. The hills are rounded and covered with grass and there is a lot of sheep farming in this area. ____
- The region's political capital is Inverness. ____
- The population density is lower here than in any other region of Europe. ____
- Despite its name this region is not flat at all! ____
- It's in the centre of Scotland and it's the best farming area. ____
- This area comprises the middle and south of Scotland. ____
- Many tourists come to the Highland Games taking place every summer. ____
- All the big cities of Scotland belong to this region which has a much higher population density than the highlands. ____

✎ **1. Write down the sentences below the fitting** ***(passend)*** **pictures on page 5.**

**FINISHED? CHECK YOUR RESULTS!**

# THE HIGHLANDS AND THE LOWLANDS

LANDSCAPES 4 & CITIES

**Scotland is divided up into two main parts:**

**The Highlands and the Lowlands.**

- This area has mountains, lakes (lochs), and moors. Amongst them are Ben Nevis, Britains highest mountain (1343 mtrs, that's a bit higher than the *Brocken*), and famous Loch Ness. H
- A lot of islands belong to this region e. g. the Hebrides, the Orkney Islands and the Shetland Islands. H
- It's not as wild here as it is in the highlands. The hills are rounded and covered with grass and there is a lot of sheep farming in this area. L
- The region's political capital is Inverness. H
- The population density is lower here than in any other region of Europe. H
- Despite its name this region is not flat at all! L
- It's in the centre of Scotland and it's the best farming area. L
- This area comprises the middle and south of Scotland. L
- Many tourists come to the Highland Games taking place every summer. H
- All the big cities of Scotland belong to this region which has a much higher population density than the highlands. L

# THE HIGHLANDS

LANDSCAPES 5 & CITIES

✎

# AND THE LOWLANDS

✎

# HIGHLAND IMPRESSIONS

Bridge in Inverness crossing the River Ness which flows from Loch Ness into the North Sea

Stepping Stones in *Loch Ba* on *Rannoch Moor* (Western Highlands)

Man *tossing a caber* at the Highland games

*Eilean Donan* (meaning: "Donan's Island") Castle in the Western Highlands

A typical Highland landscape

(Farbversion, s. CD)

(Farbversior , s. CD)

# LOWLAND IMPRESSIONS

Edinburgh, Scotland's Capital

Glasgow, Scotland's biggest city

Sometimes High- and Lowlands look quite similar!

A barley field – the Lowlands are Scotland's best farming area

In the Lowlands' countryside you'll find sheep wherever you go!

AUF DEN TISCH KLEBEN!
(... oder anderweitig an der Station anbringen)

# LANDSCAPES & CITIES 6

Fill in the missing information!

Check your results when you've finished!

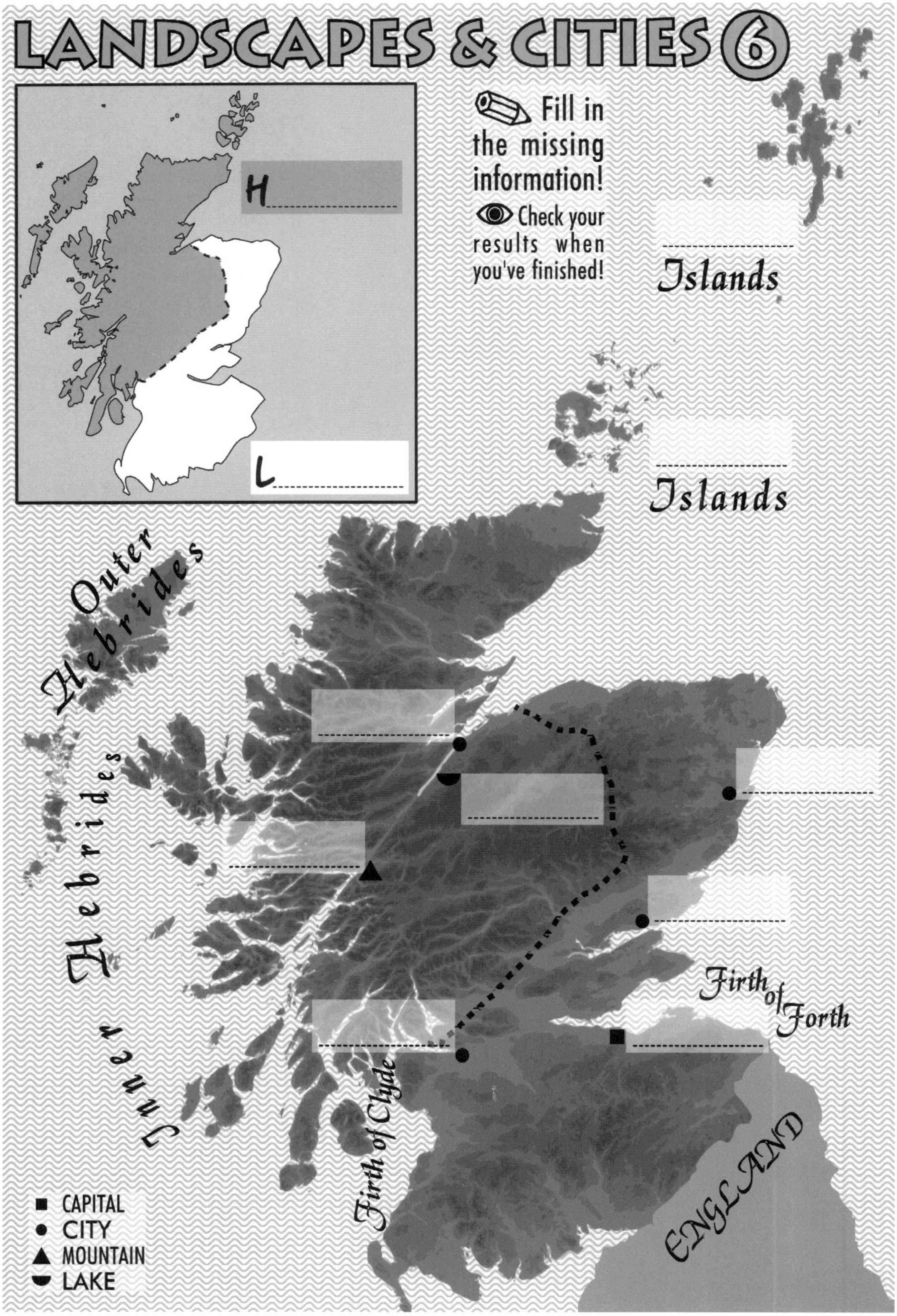

# LANDSCAPES & CITIES 6

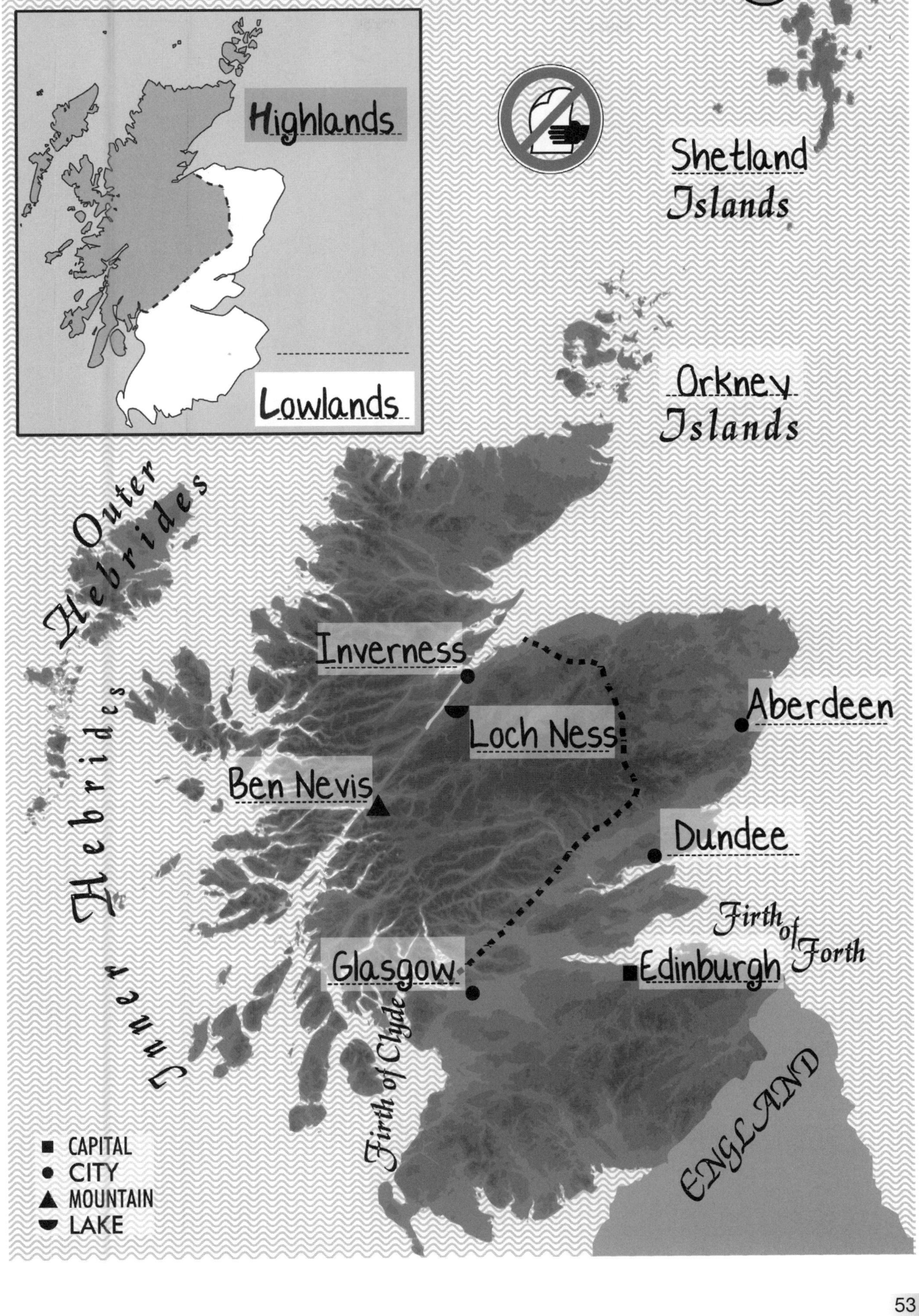

(Farbversion, s. CD)

Puzzling Flags 1

# FIND YOUR WAY THROUGH THE FLAG FOREST!

**YOU ALL KNOW THE FLAG OF THE UNITED KINGDOM, DON'T YOU?**

Well, what you probably didn't know is that it's put together of three different flags.

**That's one of the reasons why it's called the Union Flag.**

The United Kingdom is a union of several countries (each of which once had an own king), namely England (including Wales), Scotland and Northern Ireland.

Its flag shows this union *by combining* (durch Kombinieren) the three crosses that symbolize these three countries (because of their *national saints* [Nationalheilige, Schutzpatrone] by which the crosses are named).

By the way: The Union Flag is also known as Union **Jack**, since it's the flag of a nation of sailors and the noun "jack" also means the flag at the front of a ship.

Another thing you probably didn't know yet, is that even if "UK" (United Kingdom) and "GB" (Great Britain) are usually used in the same meaning, they actually don't exactly mean the same. Why? Because Northern Ireland is no part of Britain (consisting of Wales, England and Scotland) but of Ireland (which is an Island on its own).

So you can say that **Great Britain is the United Kingdom without Northern Ireland**.

Therefore the correct or complete name of the UK is: **"United Kingdom of Great Britain and Northern Ireland"**. These both parts belong together politically but not geographically.

☞ **<u>Now this is what you have to do:</u>**

1. Have a look at the two sets of small cards:
   Four cards showing flags and four cards with their names.
   a) Try to work out which flag card belongs to which name card.
   b) Turn around the flags and look at their backsides to see if you've done right.
2. Now do the "puzzle"! Carefully try to put together the Union Flag out of the separate parts of the three different flags.
   *(Versuche vorsichtig, aus den einzelnen Teilen der drei verschiedenen Flaggen die Union Flag zusammenzulegen.)*
3. Answer the following questions in English! (You can find all the answers on this page.)
   a) The word "union" in the flag's name means that there is something united (which the flag stands for). What is it that is united here? Mark the correct answer with a cross.
   Answer:
   ☐ several religions ☐ several political parties ☐ several countries (kingdoms)
   b) Name the countries out of whose flags the Union Flag is put together?
   Answer: ____________ ____________ ____________
   c) Which is the country belonging to the United Kingdom whose flag is not shown in the Union Flag?
   Answer: ____________
   d) What does the word "jack" in the name "Union Jack" mean?
   Answer: The word Jack means ____________

FINISHED? CHECK YOUR RESULTS!

Puzzling Flags 1

# FIND YOUR WAY THROUGH THE FLAG FOREST!

## FINDE DEINEN WEG DURCH DEN FAHNENDSCHUNGEL!

Ihr alle kennt wahrscheinlich die Flagge des Vereinigten Königreiches (engl.: United Kingdom od. kurz: UK, genannt), oder?

Nun, was ihr wahrscheinlich noch nicht wusstet, ist, dass sie aus drei verschiedenen Flaggen zusammengesetzt ist.

Das ist einer der Gründe, weswegen sie Union Flag (zu deutsch etwa: Bundesflagge) genannt wird.

Das Vereinigte Königreich ist ein Bund mehrerer Länder (deren jedes einst einen eigenen König hatte), nämlich Englands (einschließlich Wales), Schottlands und Nordirlands.

Seine Flagge zeigt diese Verbindung, indem sie die drei Kreuze, die für diese drei Länder stehen, kombiniert (aufgrund ihrer Nationalheiligen, nach denen die Kreuze benannt sind).

Die Union Flag ist besser bekannt als Union **Jack**, da sie die Flagge eines Inselstaates und darum Seefahrernation ist und das englische Hauptwort „jack“ die Fahne am Bug eines Schiffs bezeichnet.

Etwas anderes, das ihr bisher wahrscheinlich nicht wusstet, ist, dass die Begriffe „UK“ (Vereinigtes Königreich) und „GB“ (Großbritannien), obwohl sie meist gleichbedeutend gebraucht werden, tatsächlich nicht genau das Gleiche bezeichnen. Warum? Weil Nordirland kein Teil Britanniens ist (das aus Wales, England und Schottland besteht), sondern ein Teil Irlands (das eine eigenständige Insel ist).

Also kann man sagen: Großbritannien ist das Vereinigte Königreich ohne Nordirland.

Darum lautet der korrekte oder vollständige Name des Vereinigten Königreichs: **„United Kingdom of Great Britain and Northern Ireland“**. Vereinigtes Königreich von Großbritannien und Nordirland. Diese beiden Landesteile gehören zwar politisch zusammen, geografisch gesehen jedoch nicht.

✂- - - - - - - - - - - - - - - - - - - - - - - - - - - - - - - - - - - - - - - - - - - -

Puzzling Flags 1

# FIND YOUR WAY THROUGH THE FLAG FOREST!

## FINDE DEINEN WEG DURCH DEN FAHNENDSCHUNGEL!

Ihr alle kennt wahrscheinlich die Flagge des Vereinigten Königreiches (engl.: United Kingdom od. kurz: UK, genannt), oder?

Nun, was ihr wahrscheinlich noch nicht wusstet, ist, dass sie aus drei verschiedenen Flaggen zusammengesetzt ist.

Das ist einer der Gründe, weswegen sie Union Flag (zu deutsch etwa: Bundesflagge) genannt wird.

Das Vereinigte Königreich ist ein Bund mehrerer Länder (deren jedes einst einen eigenen König hatte), nämlich Englands (einschließlich Wales), Schottlands und Nordirlands.

Seine Flagge zeigt diese Verbindung, indem sie die drei Kreuze, die für diese drei Länder stehen, kombiniert (aufgrund ihrer Nationalheiligen, nach denen die Kreuze benannt sind).

Die Union Flag ist besser bekannt als Union **Jack**, da sie die Flagge eines Inselstaates und darum Seefahrernation ist und das englische Hauptwort „jack“ die Fahne am Bug eines Schiffs bezeichnet.

Etwas anderes, das ihr bisher wahrscheinlich nicht wusstet, ist, dass die Begriffe „UK“ (Vereinigtes Königreich) und „GB“ (Großbritannien), obwohl sie meist gleichbedeutend gebraucht werden, tatsächlich nicht genau das Gleiche bezeichnen. Warum? Weil Nordirland kein Teil Britanniens ist (das aus Wales, England und Schottland besteht), sondern ein Teil Irlands (das eine eigenständige Insel ist).

Also kann man sagen: Großbritannien ist das Vereinigte Königreich ohne Nordirland.

Darum lautet der korrekte oder vollständige Name des Vereinigten Königreichs: **„United Kingdom of Great Britain and Northern Ireland“**. Vereinigtes Königreich von Großbritannien und Nordirland. Diese beiden Landesteile gehören zwar politisch zusammen, geografisch gesehen jedoch nicht.

# PUZZLING FLAGS 1 FIND YOUR WAY THROUGH THE FLAG FOREST!

**AUFGABE 1:**

Auf den folgenden Seiten finden Sie die für diese Aufgabe benötigten Kärtchen, die Sie auch auf der CD in Farbe finden. Die Kärtchen sollten farbig ausgedruckt, ausgeschnitten und laminiert werden.

Um zu vermeiden, dass sie zu sehr durcheinandergeraten oder gar abhanden kommen, empfiehlt es sich, ihnen eine festen Platz zu geben, wohin sie nach Gebrauch zurückgelegt werden müssen, und der in meinem Fall in einem Pappschächtelchen bestand.

(Farbversion, s. CD)

SAINT PATRICK'S FLAG
OF
NORTHERN IRELAND

SAINT DAVID'S FLAG
OF
WALES

SAINT GEORGE'S FLAG
OF
ENGLAND

SAINT ANDREW'S FLAG
OF
SCOTLAND

SAINT DAVID'S FLAG
OF
WALES

SAINT PATRICK'S FLAG
OF
NORTHERN IRELAND

SAINT ANDREW'S FLAG
OF
SCOTLAND

SAINT GEORGE'S FLAG
OF
ENGLAND

# A PUZZLE MEANT TO MAKE ITS MOTIF LESS PUZZLING

(Farbversion, s. CD)

Puzzling Flags 1

**AUFGABE 2:**

Hier ist das Material, woraus das in dieser Aufgabe erwähnte Puzzle gefertigt werden muss. Dazu werden alle Elemente entlang ihrer gestrichelten Konturlinien ausgeschnitten und laminiert. Leider nahmen die Briten, als sie damals den Union Jack austüftelten, nicht die geringste Rücksicht auf das Seitenverhältnis unserer heutigen DIN-Papierformate, sondern entschieden sich eigensinnigerweise für 1:2! Darum empfiehlt es sich, nach dem Laminieren die nun von den A4-Folientaschen umschlossenen Elemente kongruent übereinander zu legen und dann die Folien (mit Schere, Schneidmaschine oder Lineal & Cutter) auf einheitliches Format zu bringen (wegen ihrer Glätte evtl. vorher punktuell mit Klebeband aneinander fixieren), sodass sich die Elemente beim Übereinanderlegen anhand ihrer nun gemeinsamen Kanten aneinander ausrichten lassen.

(Farbversion, s. CD)

Nachdem mit der ***St. Andrew's Flag*** der Hintergrund bereitgestellt ist, vor dem die beiden anderen im ***Union Jack*** enthaltenen Kreuze abgebildet werden, ist die nächste Ebene der Flagge Nordirlands gewidmet. Genauer gesagt, dem ***St. Patrick's Cross***, das sich allerdings seinen Platz mit dem identisch geformten schottischen Andreaskreuz teilen muss. Deshalb finden Sie auf der folgenden Seite eines, dessen vier Balkenenden der Länge nach halbiert sind, damit, richtig auf der schottischen Flagge platziert, darunter ein dergestalt nun ebenfalls halbiertes weißes Schrägkreuz sichtbar bleibt. Solange sich niemand an dem Puzzle zu schaffen macht, bleibt es jedoch auf dem (kompletten) roten Schrägkreuz der unten abgedruckten ***St. Patrick's Flag*** liegen. Da nach den Regeln der Heraldik Blau und Rot nicht unmittelbar aneinander angrenzen durften, ist das ***St. Andrew's Cross*** in diesem Buch ein wenig breiter gehalten als in ***natura***, sodass zwischen den beiden Farben ein schmaler weißer Streifen sichtbar bleibt.

**DER VERWANDLUNG ERSTER SCHRITT:**

Ⓐ

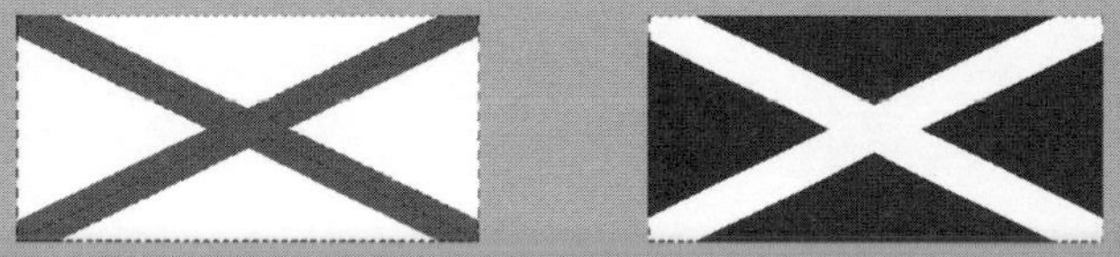

Ⓑ

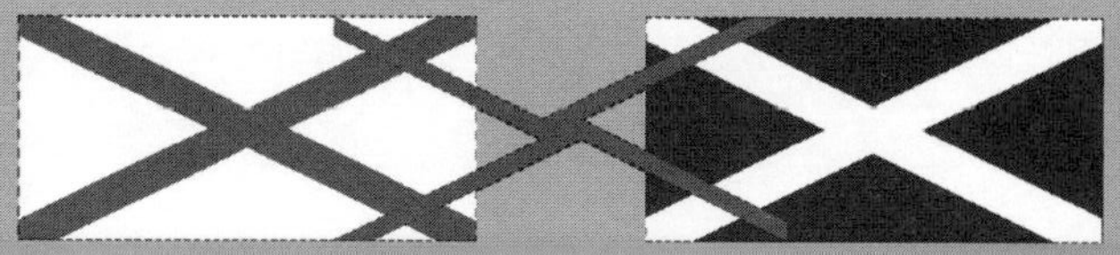

Ⓒ

(Farbversion, s. CD)

(Farbversion, s. CD)

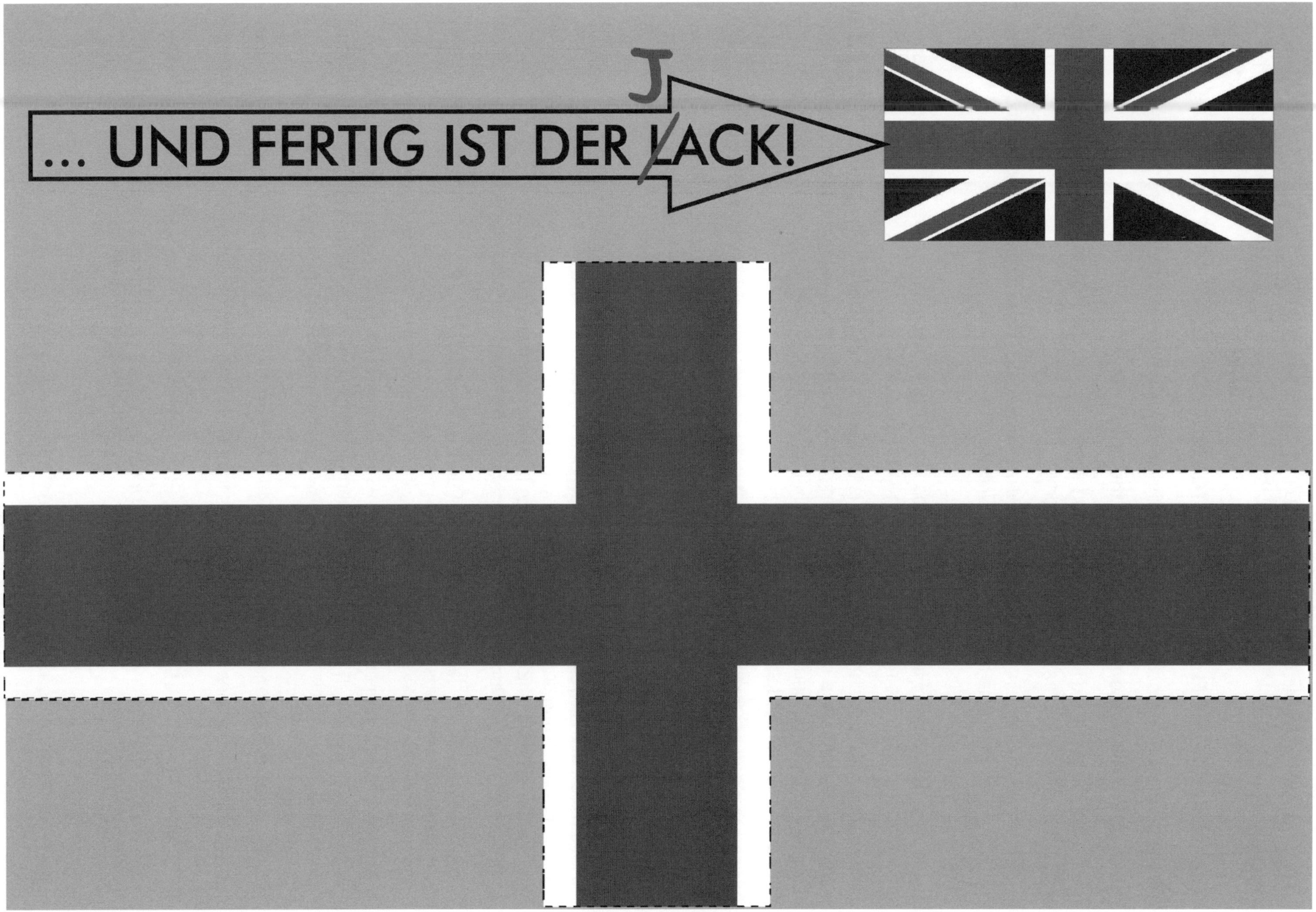


(Farbversion, s. CD)

Puzzling Flags 1

# FIND YOUR WAY THROUGH THE FLAG FOREST!

**YOU ALL KNOW THE FLAG OF THE UNITED KINGDOM, DON'T YOU?**

Well, what you probably didn't know is that it's put together of three different flags.

**That's one of the reasons why it's called the Union Flag.**

The United Kingdom is a union of several countries (each of which once had an own king), namely England (including Wales), Scotland and Northern Ireland.

Its flag shows this union *by combining* *(durch Kombinieren)* the three crosses that symbolize these three countries (because of their *national saints* *[Nationalheilige, Schutzpatrone]* by which the crosses are named).

By the way: The Union Flag is also known as Union **Jack**, since it's the flag of a nation of sailors and the noun "jack" also means the flag at the front of a ship.

Another thing you probably didn't know yet, is that even if "UK" (United Kingdom) and "GB" (Great Britain) are usually used in the same meaning, they actually don't exactly mean the same. Why? Because Northern Ireland is no part of Britain (consisting of Wales, England and Scotland) but of Ireland (which is an Island on its own).

So you can say that **Great Britain is the United Kingdom without Northern Ireland**.

Therefore the correct or complete name of the UK is: **"United Kingdom of Great Britain and Northern Ireland"**. These both parts belong together politically but not geographically.

☞ <u>**Now this is what you have to do:**</u>

1. Have a look at the two sets of small cards:
   Four cards showing flags and four cards with their names.
   a) Try to work out which flag card belongs to which name card.
   b) Turn around the flags and look at their backsides to see if you've done right.
2. Now do the "puzzle"! Carefully try to put together the Union Flag out of the separate parts of the three different flags.
   *(Versuche vorsichtig, aus den einzelnen Teilen der drei verschiedenen Flaggen die Union Flag zusammenzulegen.)*
3. Answer the following questions in English! (You can find all the answers on this page.)
   a) The word "union" in the flag's name means that there is something united (which the flag stands for). What is it that is united here? Mark the correct answer with a cross.
   Answer:
   ☐ several religions ☐ several political parties ☒ several countries (kingdoms)
   b) Name the countries out of whose flags the Union Flag is put together?
   Answer: England Scotland Northern Ireland
   c) Which is the country belonging to the United Kingdom whose flag is not shown in the Union Flag?
   Answer: Wales
   d) What does the word "jack" in the name "Union Jack" mean?
   Answer: The word Jack means the flag at the front of a ship.

# Puzzling Flags 2: THE COLOURS OF THE UK

CHECK YOUR RESULTS WHEN YOU'VE FINISHED!

1. Colour the flags correctly.

2. Fill in the missing information.

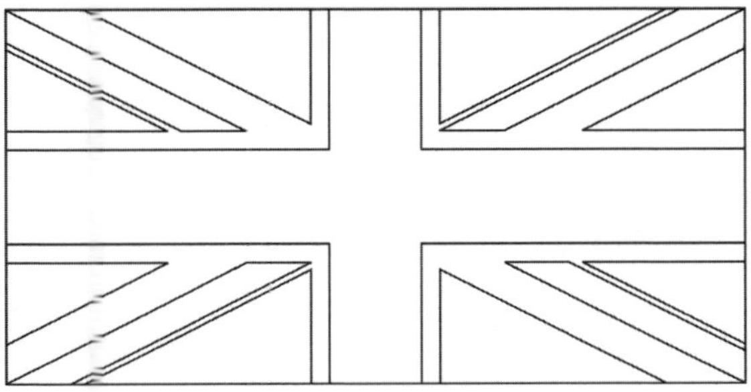

Name of the country: ______________________

Name of the flag: ______________________

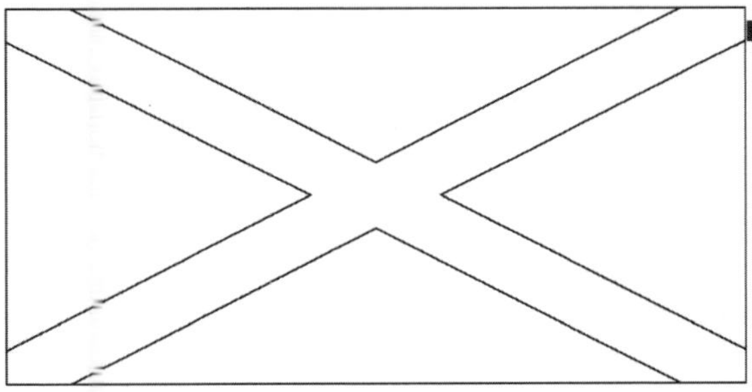

Name of the country: Northern Ireland

Name of the flag: ______________________

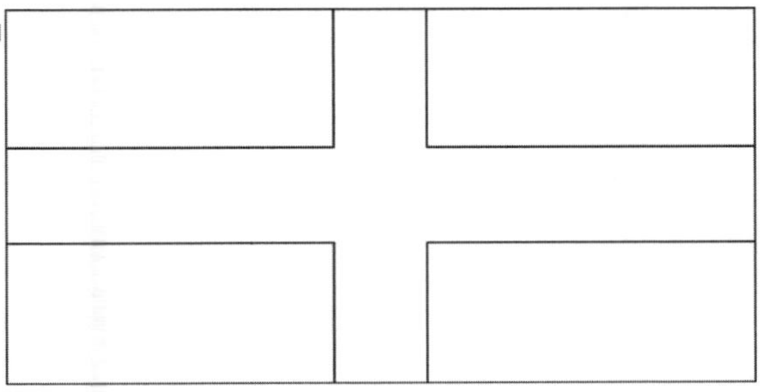

Name of the country: Wales

Name of the flag: ______________________

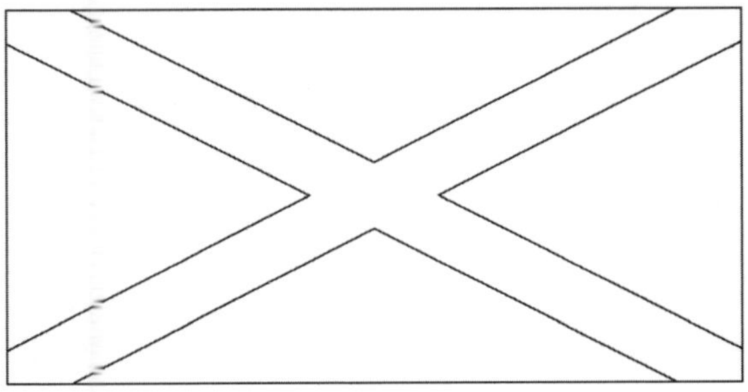

Name of the country: ______________________

Name of the flag: ______________________

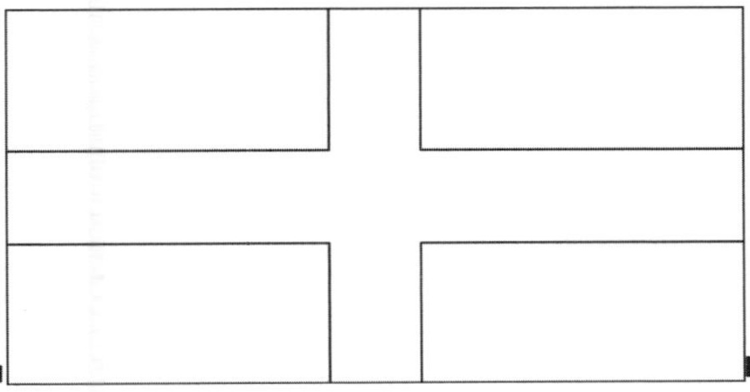

Name of the country: ______________________

Name of the flag: ______________________

GREAT BRITAIN

UNITED KINGDOM

# Puzzling Flags 2 THE COLOURS OF THE UK

1. Colour the flags correctly.

(Farbversion, s. CD)

2. Fill in the missing information.

Name of the country:

United Kingdom

Name of the flag:

Union Flag or Union Jack

Name of the country:

Northern Ireland

Name of the flag:

Saint Patrick's Flag

Name of the country:

Wales

Name of the flag:

Saint David's Flag

Name of the country:

Scotland

Name of the flag:

Saint Andrew's Flag

Name of the country:

England

Name of the flag:

Saint George's Flag

PUZZLING FLAGS 3

# FILL IN THE NAMES OF THE COUNTRIES OF THE UNITED KINGDOM!

FINISHED? CHECK YOUR RESULTS!

Puzzling Flags 3

# FILL IN THE NAMES OF THE COUNTRIES OF THE UNITED KINGDOM!

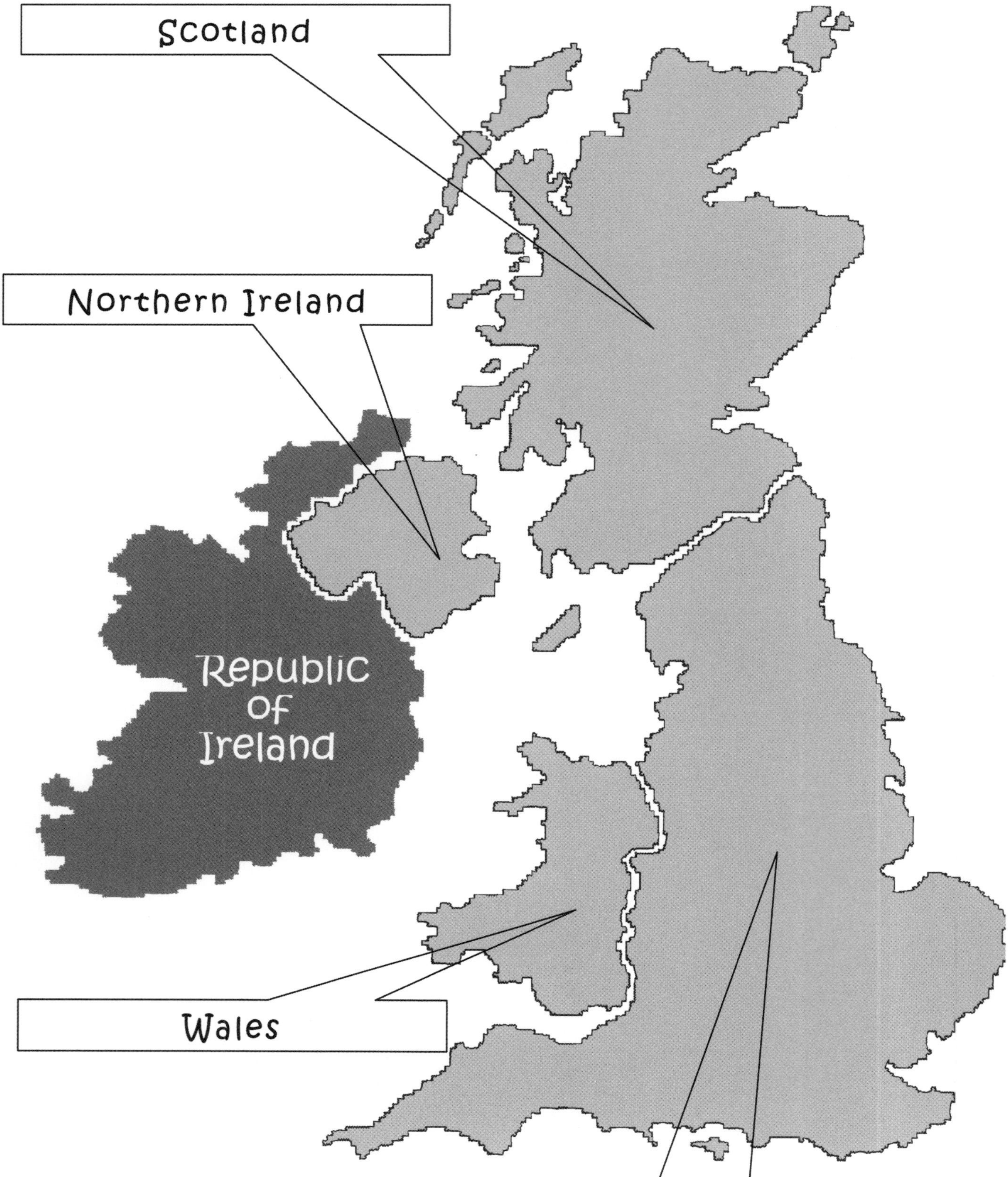

# SCOTTISH HEROES

(Farbversion, s. CD)

# SCOTTISH HEROES 1

☞ **MATCH LETTERS & NUMBERS!** ***(ORDNE BUCHSTABEN UND ZAHLEN EINANDER ZU!)***

✎ **Fill the gaps** ***(Lücken)*** **in the following text by writing only one letter per dash** ***(je Strich).***

→ **Each letter belongs to one certain number that stays the same throughout the whole text (for example: 3 = t).**

→ **Use the dashed line below by writing every letter you have found out above the number it belongs to and cross it out in the alphabet (as already done with the letter T).**

| A | B | C | D | E | F | G | H | I | J | K | L | M | N | O | P | Q | R | S | ~~T~~ | U | V | W | X | Y | Z |
|---|---|---|---|---|---|---|---|---|---|---|---|---|---|---|---|---|---|---|---|---|---|---|---|---|---|

| _ | _ | t | _ | _ | _ | _ | _ | _ | _ | _ | _ | _ | _ | _ | _ | _ | _ | _ | _ | _ | _ | _ | _ | _ | _ |
|---|---|---|---|---|---|---|---|---|---|---|---|---|---|---|---|---|---|---|---|---|---|---|---|---|---|
| 1 | 2 | 3 | 4 | 5 | 6 | 7 | 8 | 9 | 10 | 11 | 12 | 13 | 14 | 15 | 16 | 17 | 18 | 19 | 20 | 21 | 22 | 23 | 24 | 25 | 26 |

ℹ **So, if a number appears again justlook it up in your list. You don't have to complete the text gap by gap. Like in many other cases it is easier to instead read the whole text once to get a** ***rough overview*** ***(groben Überblick).*** **Fill in what you know and** ***skip*** ***(überspringen)*** **those words you don't know straight away. You probably will be able to do them later, once you have found out enough letters.**

Let's start with Sir Sean Connery who was the first _ _ t _ _ (1 2 3 4 5) to play James Bond.

And then we're going on with two writers: The first of them is Sir Arthur Conan Doyle, the _ _ _ _ _ t _ _ (6 7 8 9 7 3 4 5) of Sherlock Holmes. The second one is Robert Louis Stevenson, the _ _ t _ _ _ (1 10 3 11 4 5) of the novels "Treasure Island" and "The Strange Case of Dr Jekyll and Mr Hyde".

Model Stella Tennant was recently chosen to walk the catwalk for Chanel and is a muse of the _ _ _ _ _ _ _ _ (12 9 13 6 14 7 9 5) Karl Lagerfeld. She has also appeared in numerous _ _ _ _ _ t _ _ _ _ _ (1 12 8 9 5 3 6 13 6 7 14) _ _ _ _ _ _ _ _ _ (2 1 15 16 1 6 14 7 13), including Calvin Klein, Hermès, and Burberry.

Another Scottish beauty, but not a model, is Annie Lennox, who sang the Eurythmics' most _ _ _ _ _ _ (17 1 15 4 10 13) song "Sweet Dreams" which can still be found in a lot of _ _ _ _ _ _ _ _ _ (18 10 19 9 20 4 21 9 13). The famous rock band Franz Ferdinand was _ _ _ _ _ _ (17 4 5 15 9 12) in the year 2002.

If you like the roaring sound of formula 1 cars more than rock music, you probably know the _ _ _ _ _ _ (5 1 2 6 7 14) _ _ _ _ _ _ (12 5 6 8 9 5) David Coulthard.

# SCOTTISH HEROES 1

A Scottish formula 1 ___ ___ ___ ___ ___   ___ ___ ___ ___ ___ ___ ___ ___ is Jackie Stewart.
(22 4 5 23 12   2 11 1 15 16 6 4 7)

Or do you rather like ___ ___ ___ ___ ___ ___ ___ ___ ___ ___ ? Then the name Robert Archibald,
(20 1 13 19 9 3 20 1 23 23)

who ___ ___ ___ ___ ___ ___ ___ ___ played in the NBA, but now in Spain, may sound familiar to you.
(17 4 5 15 9 5 23 24)

Are you a ___ ___ ___ ___ ___ ___ (phone) addict? If so you should be grateful to the famous
(15 4 20 6 23 9)

Scotsman James Graham Bell who invented the † ___ ___ ___ ___ ___ ___ ___ ___ .
(3 9 23 9 16 11 4 7 9)

Or is your passion rather sitting in front of the telly, ___ ___ ___ ___ ___ ___ ___ from one channel
(25 1 16 16 6 7 14)

to another? Then your personal Scottish folk hero's name is: John Logie Baird, because he's the inventor of the television.

And now a ___ ___ ___ ___ † ___ ___ ___ everyone should be able to answer:
(26 10 9 13 3 6 4 7)

What important invention did famous Scotsman James Watt make? Don't you know?

Of course it's the ___ † ___ ___ ___   ___ ___ ___ ___ ___ ___ , which enabled the industrial
(13 3 9 1 15   9 7 14 6 7 9)

revolution to happen.

Well, it's not only some of the most important technical inventions that were made by Scots, but also one of the most important medical discoveries:

the ___ ___ ___ ___ ___ ___ ___ ___ ___ of penicillin. It was Sir Alexander Fleming who developed
(12 6 13 2 4 8 9 5 24)

this first of all ___ ___ † ___ ___ ___ ___ † ___ ___ ___ , which are nowadays the mostly used
(1 7 3 6 20 6 4 3 6 2 13)

medicine for fighting bacterial infections (like e.g. bronchitis).

The next famous Scot in our list, Gordon Ramsay, does not produce pills but rather pizza, and much more delicious dishes. He's a ___ ___ ___ ___ , in fact Scotland's most popular one.
(2 4 4 19)

He has got his own TV show which is even shown on German television.

Last but not least it should be mentioned here, this century's first two prime

___ ___ ___ ___ ___ † ___ ___ ___ came from Scotland, not England as most people may
(15 6 7 6 13 3 9 5 13)

believe. The first of them was Tony ___ ___ ___ ___ ___ and the second was Gordon
(20 23 1 6 5)

___ ___ ___ ___ ___ .
(20 5 4 22 7)

**FINISHED? CHECK YOUR RESULTS!**

# SCOTTISH HEROES 1

## ARBEITSANWEISUNG AUF DEUTSCH

☞ **ORDNE BUCHSTABEN UND ZAHLEN EINANDER ZU:**

✎ **Fülle die Lücken im folgenden Text, indem du je Lücke nur einen Buchstaben schreibst.**
- → **Jeder Buchstabe gehört den ganzen Text hindurch zu einer bestimmten Zahl (zum Beispiel: 3 = t).**
- → **Schreibe jeden Buchstaben, den du herausgefunden hast, über die dazugehörige Zahl und streiche ihn aus der alphabetischen Buchstabenliste aus (wie hier mit dem "T" geschehen).**

| A | B | C | D | E | F | G | H | I | J | K | L | M | N | O | P | Q | R | S | ~~T~~ | U | V | W | X | Y | Z |
|---|---|---|---|---|---|---|---|---|---|---|---|---|---|---|---|---|---|---|---|---|---|---|---|---|---|

| _ | _ | t | _ | _ | _ | _ | _ | _ | _ | _ | _ | _ | _ | _ | _ | _ | _ | _ | _ | _ | _ | _ | _ | _ | _ |
|---|---|---|---|---|---|---|---|---|---|---|---|---|---|---|---|---|---|---|---|---|---|---|---|---|---|
| 1 | 2 | 3 | 4 | 5 | 6 | 7 | 8 | 9 | 10 | 11 | 12 | 13 | 14 | 15 | 16 | 17 | 18 | 19 | 20 | 21 | 22 | 23 | 24 | 25 | 26 |

ⓘ **So brauchst du jedes Mal, wenn eine Zahl erneut vorkommt, nur noch in deiner Liste nachzuschauen. Dabei musst du jedoch nicht Lücke für Lücke vorgehen. Wie in so vielen Fällen, ist es einfacher, stattdessen erst einmal den ganzen Text zu lesen, um sich einen groben Überblick zu verschaffen. Trage dabei ein, was du weißt, und überspringe erst 'mal, was dir nicht auf Anhieb einfällt. Wenn du erst einmal genug Buchstaben herausgefunden hast, wirst du es wahrscheinlich leicht nachholen können.**

✂- - - - - - - - - - - - - - - - - - - - - - - - - - - - - - - - - - - - - -

# SCOTTISH HEROES 1

## ARBEITSANWEISUNG AUF DEUTSCH

☞ **ORDNE BUCHSTABEN UND ZAHLEN EINANDER ZU:**

✎ **Fülle die Lücken im folgenden Text, indem du je Lücke nur einen Buchstaben schreibst.**
- → **Jeder Buchstabe gehört den ganzen Text hindurch zu einer bestimmten Zahl (zum Beispiel: 3 = t).**
- → **Schreibe jeden Buchstaben, den du herausgefunden hast, über die dazugehörige Zahl und streiche ihn aus der alphabetischen Buchstabenliste aus (wie hier mit dem "T" geschehen).**

| A | B | C | D | E | F | G | H | I | J | K | L | M | N | O | P | Q | R | S | ~~T~~ | U | V | W | X | Y | Z |
|---|---|---|---|---|---|---|---|---|---|---|---|---|---|---|---|---|---|---|---|---|---|---|---|---|---|

| _ | _ | t | _ | _ | _ | _ | _ | _ | _ | _ | _ | _ | _ | _ | _ | _ | _ | _ | _ | _ | _ | _ | _ | _ | _ |
|---|---|---|---|---|---|---|---|---|---|---|---|---|---|---|---|---|---|---|---|---|---|---|---|---|---|
| 1 | 2 | 3 | 4 | 5 | 6 | 7 | 8 | 9 | 10 | 11 | 12 | 13 | 14 | 15 | 16 | 17 | 18 | 19 | 20 | 21 | 22 | 23 | 24 | 25 | 26 |

ⓘ **So brauchst du jedes Mal, wenn eine Zahl erneut vorkommt, nur noch in deiner Liste nachzuschauen. Dabei musst du jedoch nicht Lücke für Lücke vorgehen. Wie in so vielen Fällen, ist es einfacher, stattdessen erst einmal den ganzen Text zu lesen, um sich einen groben Überblick zu verschaffen. Trage dabei ein, was du weißt, und überspringe erst 'mal, was dir nicht auf Anhieb einfällt. Wenn du erst einmal genug Buchstaben herausgefunden hast, wirst du es wahrscheinlich leicht nachholen können.**

# SCOTTISH HEROES

1

| A | C | T | O | R | I | N | V | E | U | H | D | S |
|---|---|---|---|---|---|---|---|---|---|---|---|---|
| 1 | 2 | 3 | 4 | 5 | 6 | 7 | 8 | 9 | 10 | 11 | 12 | 13 |

| G | M | P | F | J | K | B | X | W | L | Y | Z | Q |
|---|---|---|---|---|---|---|---|---|---|---|---|---|
| 14 | 15 | 16 | 17 | 18 | 19 | 20 | 21 | 22 | 23 | 24 | 25 | 26 |

# TERMS & DESCRIPTIONS

SCOTTISH HEROES 2

☞ **Find out which of the explanations written on the right fits which of the words written on the left.**

✎ **Match them by filling in the letter behind the respective *(jeweilig)* word in front of its explanation.**

ℹ **If you've done right, the letters you've filled in make up a sentence when read from top to bottom.**

| | | | |
|---|---|---|---|
| An actor ... | H | | ... is somebody who professionally participates in top class car races. |
| An inventor... | U | | ... is another word for *writer*. |
| Author ... | O | | ... is a person that creates or thinks out something new (an idea or machine etc.). |
| Advertising campaign ... | A | | ... is an English surname (and also that of a previous prime minister of the U.K.). |
| A jukebox ... | O | | ... is a machine used to do mechanical work, driven by boiling water. |
| A Formula one-driver ... | Y | | ... is a chemical substance (like penicillin), that is able to destroy bacteria (or keep them from multiplying) and that is produced by certain microbes. |
| The adverb "formerly" ... | R | | ... means the promotion of something to be sold. |
| A steam engine ... | R | H | ... is a person whose profession is to play the role of another person in movies or theatre plays. |
| Brown ... | A | | ... a portable device for having conversations from afar. |
| An antibiotic ... | E | | ... means: " in the past". |
| A mobile (phone) ... | E | | ... is a machine, mostly found in pubs, that plays records when fed with coins. |

FINISHED? CHECK YOUR RESULTS!

# TERMS & DESCRIPTIONS

SCOTTISH HEROES 2

☞ **Find out which of the explanations written on the right fits which of the words written on the left.**

✎ **Match them by filling in the letter behind the respective** *(jeweilig)* **word in front of its explanation.**

ℹ **If you've done right, the letters you've filled in make up a sentence when read from top to bottom.**

| | | | |
|---|---|---|---|
| An actor ... | H | Y | ... is somebody who professionally participates in top class car races. |
| An inventor... | U | O | ... is another word for *writer.* |
| Author ... | O | U | ... is a person that creates or thinks out something new (an idea or machine etc.). |
| Advertising campaign ... | A | A | ... is an English surname (and also that of a previous prime minister of the U.K.). |
| A jukebox ... | O | R | ... is a machine used to do mechanical work, driven by boiling water. |
| A Formula one-driver ... | Y | E | ... is a chemical substance (like penicillin), that is able to destroy bacteria (or keep them from multiplying) and that is produced by certain microbes. |
| The adverb "formerly" ... | R | A | ... means the promotion of something to be sold. |
| A steam engine ... | R | H | ... is a person whose profession is to play the role of another person in movies or theatre plays. |
| Brown ... | A | E | ... a portable device for having conversations from afar. |
| An antibiotic ... | E | R | ... means: " in the past". |
| A mobile (phone) ... | E | O | ... is a machine, mostly found in pubs, that plays records when fed with coins. |

# SCOTTISH HEROES

Sir **SEAN CONNERY** ( *1930; actor, 1st James Bond)
He's probably the most famous Scottish actor and was the first to play *James Bond*.

**EWAN MCGREGOR** (*1971; actor)
...is another actor and played the role of the young *Obi Wan Kenobi* in the more recent *Star Wars* movies

Sir **ARTHUR** IGNATIUS **CONAN DOYLE** (*1859, †1930; writer, inventor of *Sherlock Holmes*)

**ROBERT LOUIS STEVENSON** (*1850, †1894; writer, author of "Treasure Island" and "The Strange Case of Dr. Jekyll and Mr. Hyde")

Sir **WALTER SCOTT** (*1771, †1832; writer, author of novels like "Ivanhoe", "Rob Roy")

**ROBERT BURNS** (*1759, †1796; poet/songwriter)

**MURIEL SPARK** (*1918, †2006; writer)

**STELLA TENNANT** (*1970; model)

**SHEENA EASTON** (real name: SHEENA SHIRLEY ORR, *1959; singer, e. g. Bond movie title theme "For Your Eyes Only")

**ANNIE LENNOX** (*1954; singer, e.g. of the pop band *Eurythmics*)

**LULU** (real name: MARIE MCDONALD LAWRIE, *1948, singer)

**RODERICK DAVID** ("**ROD**") **STEWART** (*1945; singer)

**Travis** (formed 1990, rock band)

**Simple Minds** (formed 1977, rock band)

**Franz Ferdinand** (formed 2002, rock band)

# SCOTTISH HEROES

Sir ALEXANDER ("**ALEX**") CHAPMAN **FERGUSON** (*1941; former football player, current manager of Manchester United )

**DAVID** MARSHALL **COULTHARD** (*1971; Formula 1 racing driver)

Sir JOHN YOUNG ("**JACKIE**") **STEWART** (nickname:"The Flying Scot";*1939; world champion Formula 1 driver)

**ROBERT** MICHAEL **ARCHIBALD** Jr. (*1980; basketball player, formerly NBA, currently Spain)

Dr. **DAVID LIVINGSTONE** (*1813, †1873; explorer)

**JOHN LOGIE BAIRD** (*1888, †1846; inventor of television)

**ALEXANDER GRAHAM BELL** (*1847, †1922; inventor of the telephone)

**JAMES WATT** (*1736, †1819; inventor of the steam engine)

**JOHN BOYD DUNLOP** (*1840, †1821; inventor of pneumatic tyres)

Sir **ALEXANDER FLEMING** (*1881, †1955; discoverer of penicillin)

**DAVID HUME** (*1711, †1776; philosopher)

**Captain** WILLIAM **KIDD** (*1645, †1701; pirate)

ROBERT („**ROB**") **ROY** MACGREGOR (real name: **RAIBEART RUADH**, *1671, †1734; Scottish folk hero and outlaw, sometimes called the "Scottish Robin Hood")

**TONY BLAIR** (*1953; Labour Party politician, prime minister from 1997 to 2007)

**GORDON BROWN** (*1951; Labour Party politician, prime minister from 2007 to 2010)

**GORDON RAMSAY** (*1966; famous cook)

AUF DEN TISCH KLEBEN! (... oder anderweitig an der Station anbringen)

# TYPICAL SCOTTISH

(Farbversion, s. CD)

# TYPICAL SCOTTISH! 1

☞ Take one of the sheets with the black-and-white photos.
Place yourself in front of one of the boxes.
In the box there are: 9 paper stripes with headlines &
9 paper stripes with descriptions.

✂ Now cut out all the photos.
Compare them with the headlines and descriptions.
**There is always one picture, one headline and one description fitting each other.**
When you've found out which belongs to which, 👁 **check your answers**!
Then get yourself some (about 3) sheets of paper and choose one of the headlines.

✎ Write it on top of a paper sheet.
Glue the correct picture below or next to the headline.

✎ Now write the correct description on your sheet.

} **LOOK AT THE EXAMPLES!**

HEADLINE

Description description descrip-
tion ......................................
..........................................
..........................................
..........................................
..........................................
..........................................
..........................................
..........................................

PIC-
TURE

**EXAMPLE**

ANOTHER HEADLINE

ANOTHER PICTURE

And another description description description des-
cription ..................................................
..........................................................

**ANOTHER EXAMPLE**

**FINISHED? GET THE SHEET WITH THE QUESTIONS AND ANSWER THEM!**

# TYPICAL SCOTTISH! 1

# CEILIDH (KAY-LEE) DANCE

# BAGPIPES

# NESSIE

# HIGHLAND GAMES

# WHISKY

# HAGGIS

# KILT

# THISTLE

# CLAN

# TYPICAL SCOTTISH! 1

It is a traditional Scottish dance quite *similar* **(ähnlich)** to square dance. Not because it looks similar, but also because in the first few rounds the bandleader tells the dancers what steps they have to dance.

It's a musical instrument which wasn't *invented* **(erfunden)** in Scotland but is very popular there. Originally it was an Asian instrument. It's made of several pipes *connected* **(verbunden)** to a bag. *In former times* **(in früheren Zeiten)** the pipes were made out of bones or *ivory* **(Elfenbein)** and the bag of a sheep's skin, but today wood and leather or rubber are used.

It's a very old social structure which ruled the highlands for many *centuries* **(Jahrunderte)**. It's somehow like a *tribe* **(Stamm)**. Just like tribes each of them has its *chief* **(Häuptling)**. All people that belong to the same have the surname of its chief. And each of them has its own tartan *pattern* **(Muster)** which shows where one belongs to.
There are more than 60 of them and the four largest are: the **STEWART** Clan, the **MACDONALD** Clan, the **CAMPBELL** Clan and the **MURRAY** Clan.

It's a sort of skirt which Scottish men wear and which traditionally has a tartan *pattern* **(Muster)**. Originally it was a five-meter-long piece of *fabric* **(Stoff)**. By night they used it as a sleeping blanket and by day as a dress (quite like a toga) wrapped around the body and held by a belt. There were different ways of wearing it for different types of weather.

This alcoholic drink made of *barley* **(Gerste)** is Scotland's most famous drink. *Its* **(sein)** original Gaelic name is **uisge beatha** (spoken: oosh-ga beh-ha) meaning "water of life".
The Englishmen who brought it from Scotland to England couldn't speak Gaelic and so they gave it another name. With that name the drink became famous all around the world.

# TYPICAL SCOTTISH! 1

It's Scotland's most famous *dish* **(Speise, Gericht)**. It's made of the heart, lungs and liver of a sheep mixed with *oatmeal* **(Hafermehl)**, onion and *spices* **(Gewürze)**. This mixture *is stuffed* **(wird gestopft)** into a sheep's *intestine* **(Darm)** and *sewn up* **(zugenäht)**. It is then served with *turnips* **(Rüben)** and potatoes (in Scottish English: neeps and tatties). *Don't be put off* **(lass dich nicht abschrecken)** by its strange look and by its *ingredients* **(Zutaten)** – most people who try it are surprised how *tasty* **(lecker)** it is.

This plant is one of Scotland's national symbols. That's why it's also called "Flower of Scotland". That's because of an *ancient legend* **(alte Legende)**: Some *barefooted Viking warriors* **(barfüßige Wikinger-Krieger)** wanted to attack a group of sleeping Scots, but one of them stepped on one of those *thorny* **(dornig)** plants. His scream of pain **(uuaaah!)** *wakened* **(weckte)** the Scots so that they could *drive* the Vikings *away* **(vertreiben)**.

This *legendary creature* **(legendäre Kreatur, legendäres Geschöpf)** got its name from Scotland's biggest and deepest *lake* **(der See)**, **Loch Ness**. During the last 16 *centuries* **(Jahrhunderte)** many people *have claimed* **(haben behauptet)** to have seen it. But there has never been found any true *evidence* **(Beweis)** that the creature really exists. There is a photo which was taken in 1934 showing a swimming animal looking like a dinosaur. So, could it be that a dinosaur has *survived* **(überlebte)** in the *depths* **(Tiefen)** of this mysterious lake?

A festival *celebrated* **(gefeiert)** in many different places in Scotland every summer with a mixture of folk music and *sportive competition* **(sportlicher Wettkampf)**. Some of the sports done here could *hardly* **(kaum)** be found anywhere else. One sport is called "Tossing the Caber". Here strong men have to throw heavy *tree trunks* **(Baumstämme)** as far as they can.

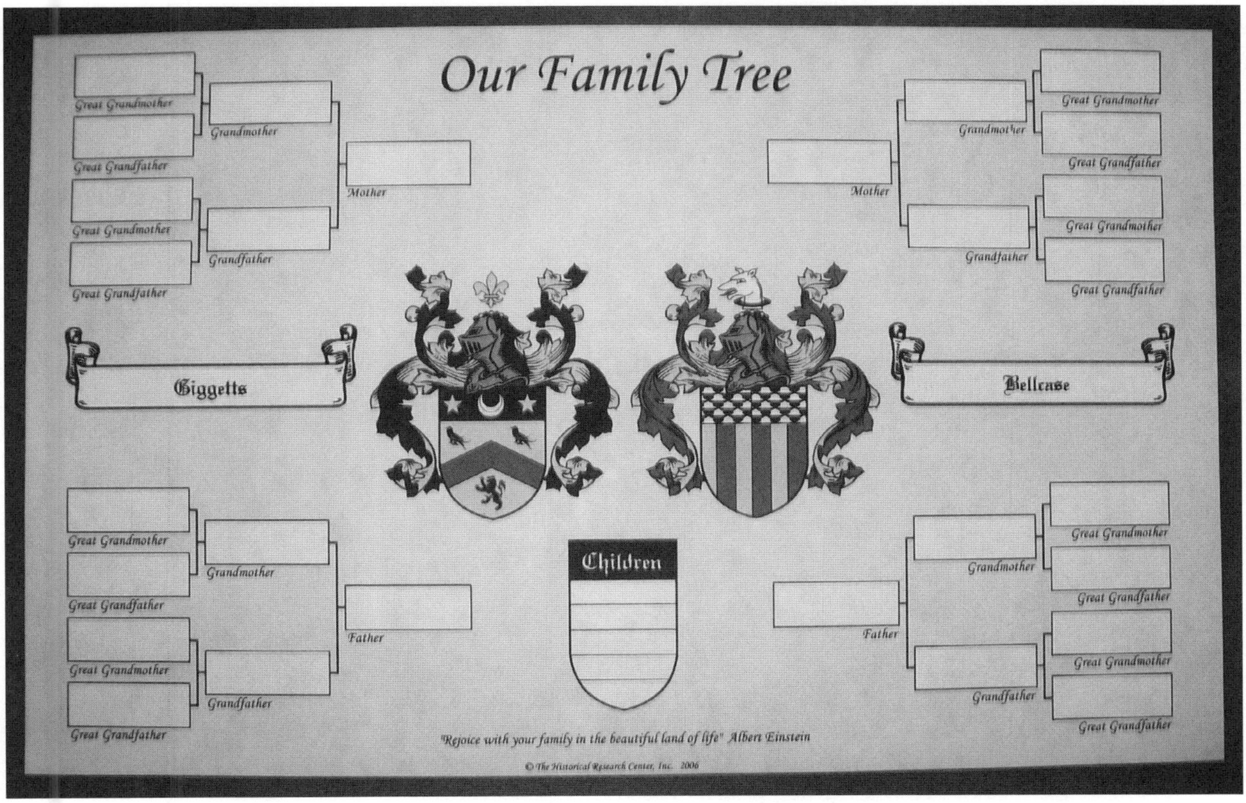
Our Family Tree
Great Grandmother
Grandmother
Great Grandfather
Mother
Great Grandmother
Grandfather
Great Grandfather
Great Grandmother
Grandmother
Great Grandfather
Mother
Great Grandmother
Grandfather
Great Grandfather
Giggetts
Bellcase
Children
Great Grandmother
Grandmother
Great Grandfather
Father
Great Grandmother
Grandfather
Great Grandfather
Great Grandmother
Grandmother
Great Grandfather
Father
Great Grandmother
Grandfather
Great Grandfather
"Rejoice with your family in the beautiful land of life" Albert Einstein
© The Historical Research Center, Inc. 2006

# TYPICAL SCOTTISH! 1

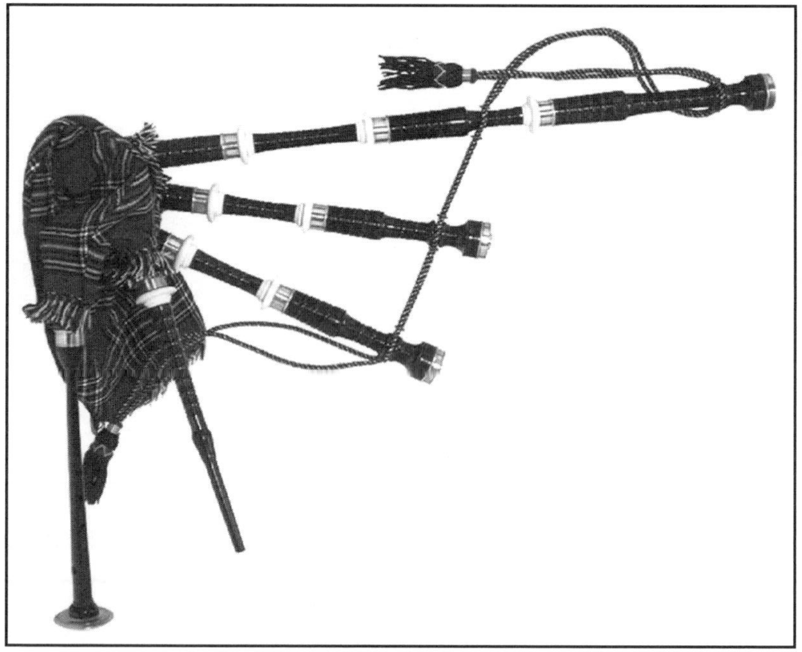

# TYPICAL SCOTTISH! 1

## HAGGIS

It's Scotland's most famous *dish* **(Speise, Gericht)**. It's made of the heart, lungs and liver of a sheep mixed with *oatmeal* **(Hafermehl)**, onion and *spices* **(Gewürze)**.
This mixture *is stuffed* **(wird gestopft)** into a sheep's *intestine* **(Darm)** and *sewn up* **(zugenäht)**. It is then served with *turnips* **(Rüben)** and potatoes (in Scottish English: neeps and tatties). *Don't be put off* **(lass dich nicht abschrecken)** by its strange look and by its *ingredients* **(Zutaten)** – most people who try it are surprised how *tasty* **(lecker)** it is.

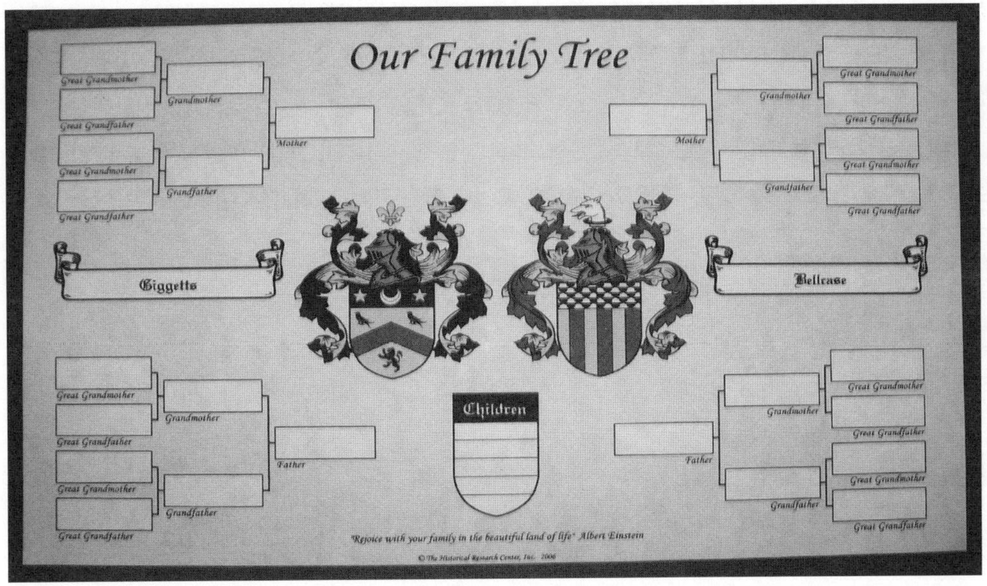


## CLAN

It's a very old social structure which ruled the highlands for many *centuries* **(Jahrunderte)**. It's somehow like a *tribe* **(Stamm)**. Just like tribes each of them has its *chief* **(Häuptling)**. All people that belong to the same have the surname of its chief. And each of them has its own tartan *pattern* **(Muster)** which shows where one belongs to.
There are more than 60 of them and the four largest are: the **STEWART** Clan, the **MACDONALD** Clan, the **CAMPBELL** Clan and the **MURRAY** Clan.

# TYPICAL SCOTTISH! 1

## WHISKY

This alcoholic drink made of *barley* ***(Gerste)*** is Scotland's most famous drink. *Its* ***(sein)*** original Gaelic name is **uisge beatha** (spoken: oosh-ga beh-ha) meaning "water of life".
The Englishmen who brought it from Scotland to England couldn't speak Gaelic and so they gave it another name. With that name the drink became famous all around the world.

## KILT

It's a sort of skirt which Scottish men wear and which traditionally has a tartan *pattern* ***(Muster)***. Originally it was a five-meter-long piece of *fabric* ***(Stoff)***. By night they used it as a sleeping blanket and by day as a dress (quite like a toga) wrapped around the body and held by a belt. There were different ways of wearing it for different types of weather.

# TYPICAL SCOTTISH! 1

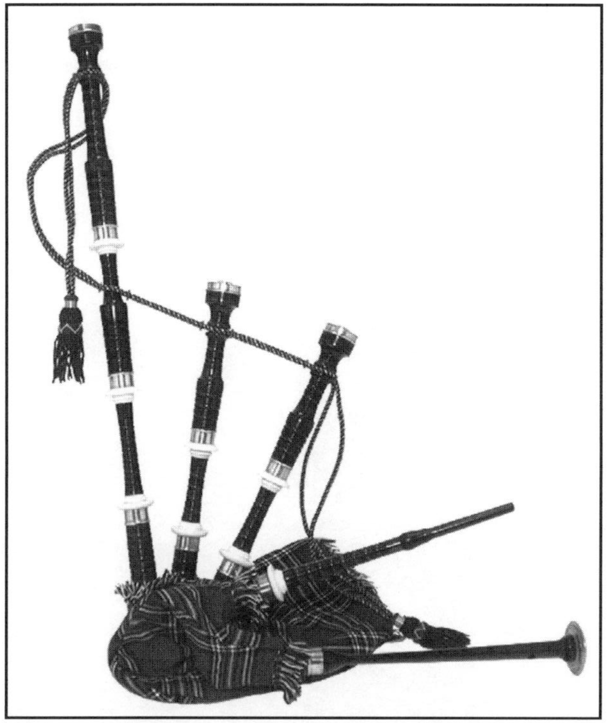

## BAGPIPES

It's a musical instrument which wasn't *invented* **(erfunden)** in Scotland but is very popular there. Originally it was an Asian instrument. It's made of several pipes *connected* **(verbunden)** to a bag. *In former times* **(in früheren Zeiten)** the pipes were made out of bones or *ivory* **(Elfenbein)** and the bag of a sheep's skin, but today wood and leather or rubber are used.

## CEILIDH (KAY-LEE) DANCE

It is a traditional Scottish dance quite *similar* **(ähnlich)** to square dance. Not because it looks similar, but also because in the first few rounds the bandleader tells the dancers what steps they have to dance.

# TYPICAL SCOTTISH! 1

## THISTLE

This plant is one of Scotland's national symbols. That's why it's also called "Flower of Scotland". That's because of an *ancient legend* **(alte Legende)**: Some *barefooted Viking warriors* **(barfüßige Wikinger-Krieger)** wanted to attack a group of sleeping Scots, but one of them stepped on one of those *thorny* **(dornig)** plants. His scream of pain **(uuaaah!)** *wakened* **(weckte)** the Scots so that they could *drive* the Vikings *away* **(vertreiben)**.

## HIGHLAND GAMES

A festival *celebrated* **(gefeiert)** in many different places in Scotland every summer with a mixture of folk music and *sportive competition* **(sportlicher Wettkampf)**. Some of the sports done here could *hardly* **(kaum)** be found anywhere else. One sport is called "Tossing the Caber". Here strong men have to throw heavy *tree trunks* **(Baumstämme)** as far as they can.

# TYPICAL SCOTTISH! 1

## NESSIE

This *legendary creature* ***(legendäre Kreatur, legendäres Geschöpf)*** got its name from Scotland's biggest and deepest *lake* ***(der See)***, **Loch Ness**.
During the last 16 *centuries* ***(Jahrhunderte)*** many people *have claimed* ***(haben behauptet)*** to have seen it. But there has never been found any true *evidence* ***(Beweis)*** that the creature really exists. There is a photo which was taken in 1934 showing a swimming animal looking like a dinosaur. So, could it be that a dinosaur has *survived* ***(überlebte)*** in the *depths* ***(Tiefen)*** of this mysterious lake?

# TYPICAL SCOTTISH! 2

Now that you've learnt quite a lot about what is "typical Scottish", you should be able to do this:

**Get a blank sheet of paper, write down the following questions and ...**

G-group: **... answer them**
E-group: **... answer them in complete sentences!**

1. What American dance is similar to ceilidh dance?
2. What material was the bag of Scottish bagpipes originally made of?
3. Do people from different clans have the same surname?
4. What kind of pattern do kilts have?
5. What kind of grain (Getreide) is whisky made of?
6. What are the ingredients of haggis?
7. What plant is called the "Flower of Scotland"?
8 What *prehistoric* **(vorgeschichtlich)** animal does Nessie look like?
9. At the Highland games strong Scottish men throw around a lot of things. Name one of them!

**EXAMPLE:**

**G-group:**

**1. Question: What American dance is similar to ceilidh dance?**
**Answer: Square dance**

**E-group:**

**1. Question: What American dance is similar to ceilidh dance?**
**Answer: Square dance is similar to Ceilidh dance.**

**FINISHED? CHECK YOUR RESULTS!**

# TYPICAL SCOTTISH! 2

1. Question: What American dance is similar to ceilidh dance?
   Answer: (G-group): Square dance
   (E-group): Square dance is similar to Ceilidh dance.

2. Q.: What material was the bag of Scottish bagpipes originally made of?
   A.: Originally, the bag of Scottish bagpipes was made of a sheep's skin.

3. Q.: Do people from different clans have the same surname?
   A.: No, people from different clans always have different surnames, because every member of a clan bears the surname of the clan chief.

4. Q.: What kind of pattern do kilts have?
   A.: Kilts have a tartan pattern.

5. Q.: What kind of grain is whisky made of?
   A.: Whiskey is made of barley.

6. Q.: What are the ingredients of haggis?
   A.: Haggis is made of the heart, lungs and liver of a sheep mixed with oatmeal, onion and spices.

7. Q.: What plant is called the "Flower of Scotland"?
   A.: The plant which is called "Flower of Scotland" is the thistle.

8. Q.: What prehistoric animal does Nessie look like?
   A.: Nessie looks like a dinosaur.

9. Q.: At the Highland games strong Scottish men throw around a lot of things. Name one of them!
   A.: One of the things thrown around at the Highland games are tree trunks.

# AUSWEICHstationen

(Farbversion, s. CD)

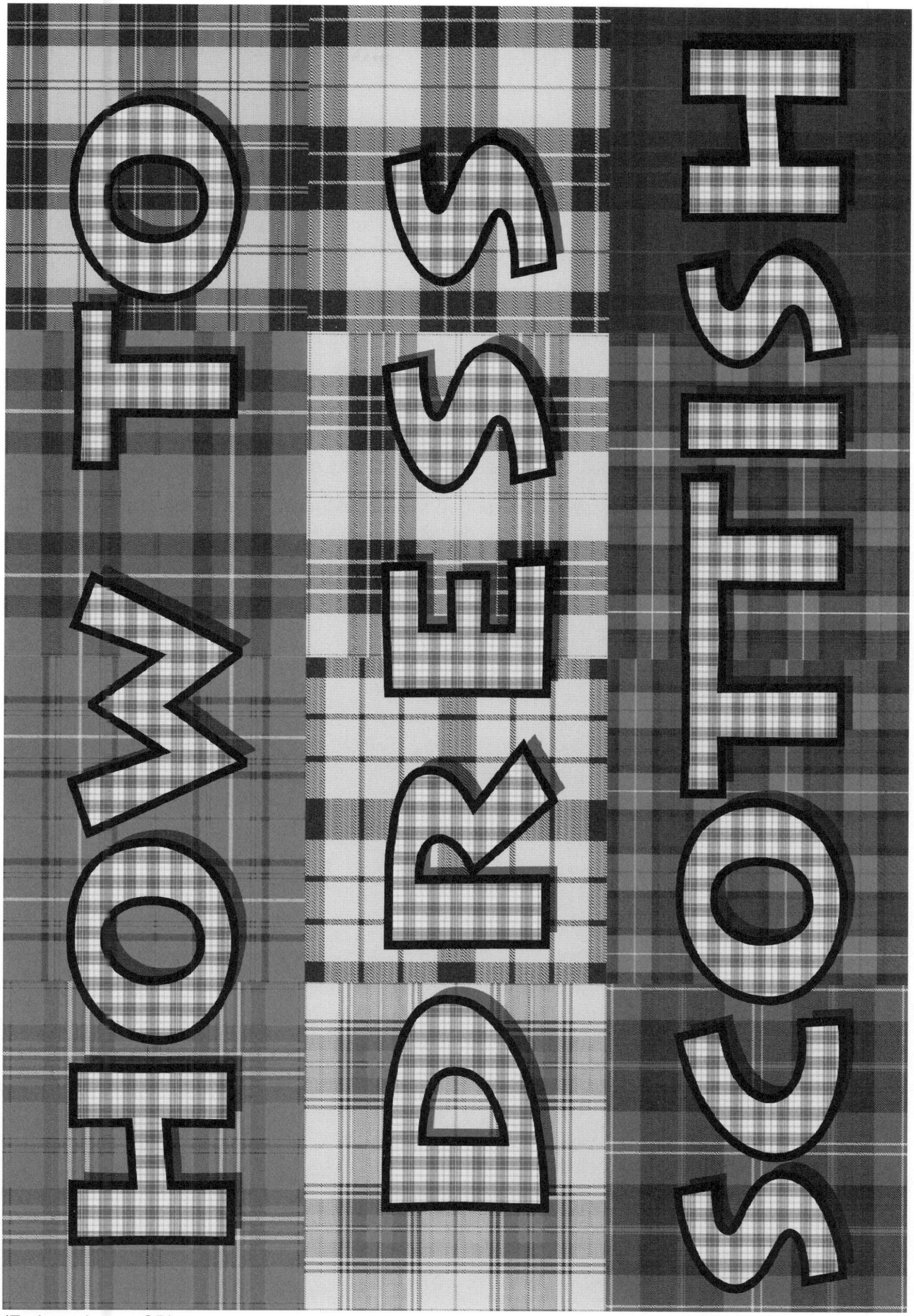


(Farbversion, s. CD)

# HOW TO DRESS SCOTTISH 1

In the picture you can see a traditionally dressed[1] Scotsman.
And above you'll find the names of some of the clothes he's wearing.

Some of them sound quite strange[2].

That's because English is not the only language spoken in Scotland. In former times[3] most Scots spoke other languages like

- the ***Scots language*** (a Germanic language[4] like for example English and German) or
- ***Scottish Gaelic***[5] (a Celtic language[6]).

While[7] ***Scottish Gaelic*** was spoken all over Scotland, the ***Scots language*** was mainly[8] spoken in the Lowlands.

Though[9] only very few people still speak these languages a lot of words have survived[10].
Even when Scots speak English it sometimes sounds very odd[11].

Therefore there's an English translation added to most of the words in the following list.

☞ **What you have to do:**

Write every word into the box that points to the piece of clothing it belongs to.

- **belt and buckle**
- **flashes** (garters = Sockenhalter)
- **ghillie brogues** (a special sort of shoes)
- **hose** (knee-sock)
- **kilt** (special sort of skirt)
- **kilt pin** (a kind of safety-pin to keep the kilt closed )
- **sgian dubh** (a special sort of knife)
- **sporran** (a pocket attached to the belt)
- **tam o'shanter** (a special sort of cap)

The one of them all of you probably know is the **kilt** which has a pattern[12] called "tartan". Did you know that every clan[13] has its own tartan which serves as identification[14].
(Have a look at the coloured sheet with the subtitle "Colours of Scotland".)

1 traditionally dressed = traditionell gekleidet
2 to sound quite strange = ziemlich seltsam klingen
3 in former times = früher
4 Germanic language = germanische Sprache
5 Scottish Gaelic = schottisches Gälisch
6 Celtic language = keltische Sprache
7 while = während
8 mainly = hauptsächlich
9 to survive = überleben
10 though = obwohl
11 to sound very odd = sehr sonderbar klingen
12 pattern = Muster
13 clan = Sippe
14 to serve as identification = zur Erkennung dienen

# HOW TO DRESS SCOTTISH 2

FINISHED? CHECK YOUR RESULTS!

# HOW TO DRESS SCOTTISH 2

# HOW TO DRESS SCOTTISH

**The colours of Scotland: Every clan has got its own tartan. Here you can see some of them, each with the name of the clan that it belongs to.**

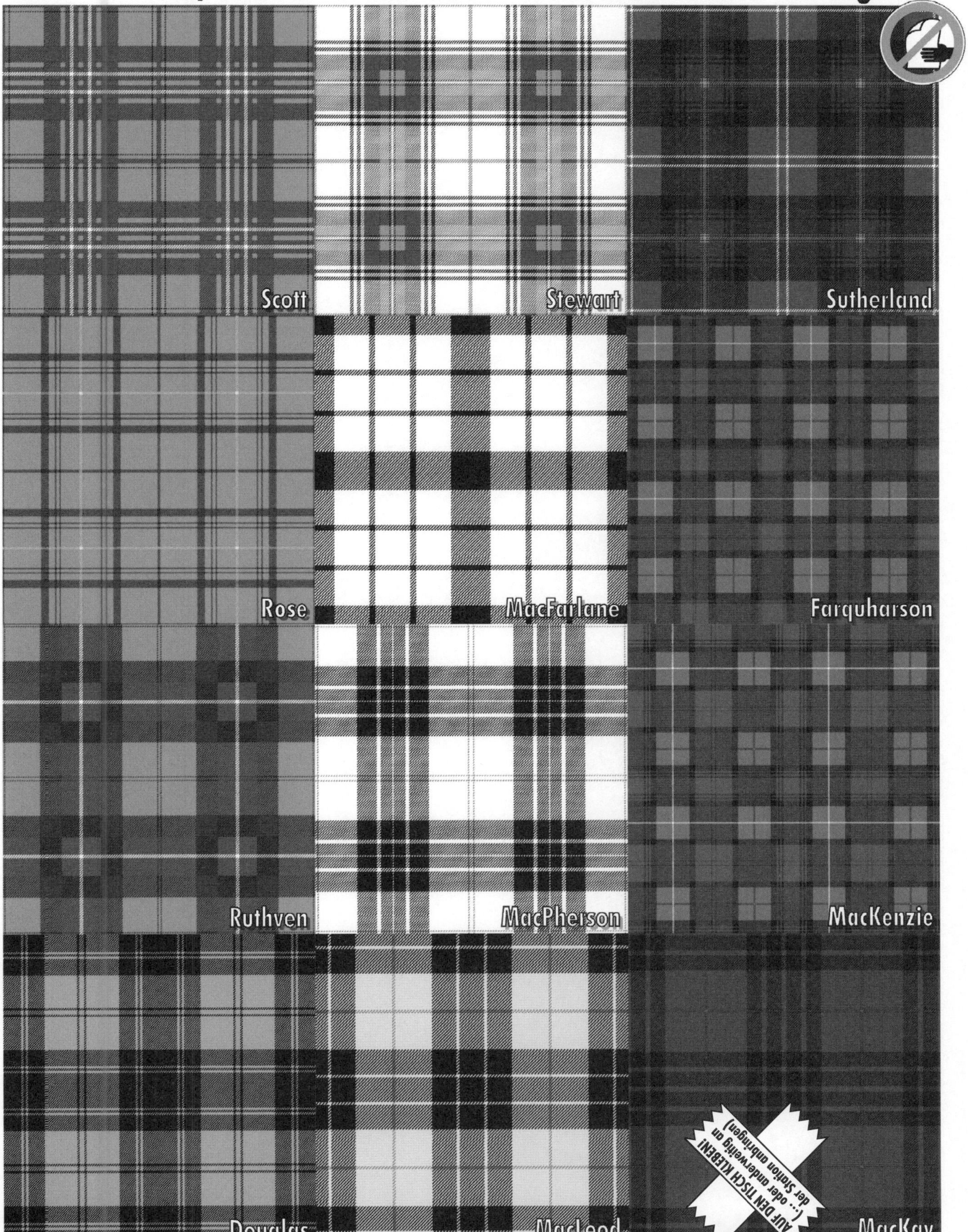


(Farbversion, s. CD)

# THIS DESIGN NEVER DIES!

Although tartan patterns originate from a very old tradition, they nevertheless don't necessarily need to give you an old-fashioned look but can actually look quite hip instead. Indeed, these ancient designs are of a timeless elegance and therefore are re-discovered time and time again by fashion designers.

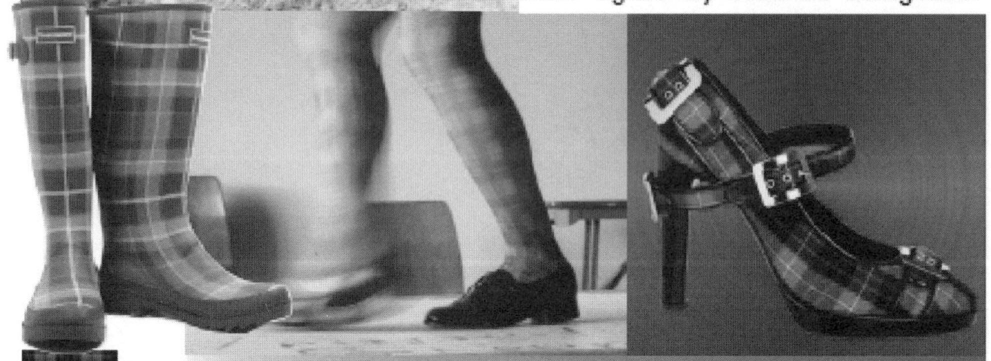

# TARTAN GOES FASHION HOW TO DRESS SCOTTISH

(Farbversion, s. CD)

# SPORTS

# IN SCOTLAND

## Sometimes rough, sometimes smart

# SPORTS IN SCOTLAND

## Sometimes rough, sometimes smart

☞ To find out something about sports in Scotland complete the text.

✎ Fill in the following words:

***27 March 1871 / and / be / but / But / by / capital / Edinburgh / England / even / ever / first / from / from / Golf / holes / however / in / in international / into / invented / is / is / knocked / match / Monday / most / not / on / place / probably / rabbit / Rugby / rugby / said / Scotland / Scotland / Scotland / Scots / Scottish / shepherds / shepherds / staffs / stones / the / the / their / to / took / was / with / won***

**There are two sports which are very often associated with Scotland and are very popular there: *Golf* and Rugby. Did you ever know...**

G _ _ _  _ s  _ _ _ n  s _ _ _  _ o  _ e  _ _ v _ _ _ _ _  _ n  _ _ _ _ l _ _ _ :

_ _ _ _ _ _ s h  s h _ _ _ _ _ _ _  _ _ _ c k _ _  _ _ o _ _ _  _ _ _ O  _ _ b b _ _

h _ _ _ _  _ i _ _  _ h _ i _  _ _ _ p h _ _ _ _ '  _ _ _ f _ _ .  _ _ _ _ _

_ w _ _ _ _ _  _ s  _ o _  _ _ _ m  _ _ _ _ _ _ _ d  _ u _  _ _ s _  _ _ _ b _ b _ _

_ r _ _  _ _ g _ _ _ _ .  _ _ _  t _ _  _ i _ _ _  _ v _ _  _ _ _ _ _ _ _ _ _ _ _ _ _

_ _ g _ _  m _ _ _ _  _ _ _ k  _ _ _ c _  _ i  S _ _ _ _ _ _ _ 's  _ _ _ i _ _ _

_ d _ _ _ _ _ _ _  _ o  M _ _ _ _ _ ,  _ _  M _ _ _ _  _ _ _ _ ,  _ n _  _ _ s

_ _ n  _ y  _ h _  _ c _ _ _ .

**FINISHED? ◉ CHECK YOUR RESULTS!**

Kerstin Quade/Christoph Behning: Lernzirkel „Scotland" · Best.-Nr. 724

Kerstin Quade/Christoph Behning: Lernzirkel „Scotland“ · Best.-Nr. 724

# SPORTS IN SCOTLAND

## Sometimes rough, sometimes smart

☞ To find out something about sports in Scotland complete the text.

✎ Fill in the following words:

~~27 March 1871~~ / ~~and~~ / ~~be~~ / ~~but~~ / ~~But~~ / ~~by~~ / ~~capital~~ / ~~Edinburgh~~ / ~~England~~ / ~~even~~ / ~~ever~~ / ~~first~~ / ~~from~~ / ~~from~~ / ~~Golf~~ / ~~holes~~ / ~~however~~ / ~~in~~ / ~~in international~~ / ~~into~~ / ~~invented~~ / ~~is~~ / ~~is~~ / ~~knocked~~ / ~~match~~ / ~~Monday~~ / ~~most~~ / ~~not~~ / ~~on~~ / ~~place~~ / ~~probably~~ / ~~rabbit~~ / ~~Rugby~~ / ~~rugby~~ / ~~said~~ / ~~Scotland~~ / ~~Scotland~~ / ~~Scotland~~ / ~~Scots~~ / ~~Scottish~~ / ~~shepherds~~ / ~~shepherds~~ / ~~staffs~~ / ~~stones~~ / ~~the~~ / ~~the~~ / ~~their~~ / ~~to~~ / ~~took~~ / ~~was~~ / ~~with~~ / ~~won~~

There are two sports which are very often associated with Scotland and are very popular there: Golf and Rugby. Did you ever know...

GOlf is even said to be invented in Scotland: Scottish shepherds knocked stones into rabbit holes with their shepherds' staffs. Rugby however is not from Scotland but most probably from England. But the first ever international rugby match took place in Scotland's capital Edinburgh on Monday, 27 March 1871, and was won by the Scots.

(Farbversion, s. CD)

# Flower of Scotland

Words and music: Roy Williamson

1. *O Flower of Scotland,*
*When will we see*
*Your like again,*
*That fought and died for,*
*Your wee bit Hill and Glen,*
*And stood against him,*
*Proud Edward's Army,*
*And sent him homeward,*
*To think again.*

2. *The Hills are bare now,*
*And Autumn leaves*
*Lie thick and still,*
*O'er land that is lost now,*
*Which those so dearly held,*
*That stood against him,*
*Proud Edward's Army,*
*And sent him homeward,*
*To think again.*

3. *Those days are past now,*
*And in the past*
*they must remain,*
*But we can still rise now,*
*And be the nation again,*
*That stood against him,*
*Proud Edward's Army,*
*And sent him homeward,*
*To think again.*

4. *O Flower of Scotland,*
*When will we see*
*Your like again,*
*That fought and died for,*
*Your wee bit* (a wee bit = schottisch für: ein bisschen) *Hill and Glen,*
*And stood against him,*
*Proud Edward's Army,*
*And sent him homeward,*
*To think again.*

**Historical Background:**
*Flower of Scotland* is the unofficial Scottish national anthem; if any song has been associated with Scottish nationalism in the 1970s and after, it has been *The Flower of Scotland*, made famous through its repeated performance by *The Corries*.
It is now used as Scotland's anthem for international sporting events (although it is not the "national anthem" – that remains *God Save the Queen*). As with a number of other Scottish patriotic songs, the lyrics commemorate the defeat of Edward II at Bannockburn in 1314.
This is one of the two great historical events which seem to dominate Scottish patriotic songs – the other being the Jacobite rebellions of the 18th century.
The title does ***not*** refer to the thistle but to the generation of young Scots who fought and left their lives in that battle against England.

# Zusatzstationen

(Farbversion, s. CD)

# gaelic

## the language of the gaels

(Farbversion, s. CD)

# gaelic 1
## the language of the gaels

Ever heard of the Gaelic language? No? Well, no wonder, because it's no country's *official language* ***(Amtssprache)***. In the *contrary* ***(im Gegenteil)*** it is a language that is almost *extinct* ***(ausgestorben)***.

Perhaps you have already heard or read that not only animal or plant *species* ***(Arten)*** can *die out* ***(aussterben)***, but languages also do sometimes. This simply means that a language is kept "alive" by its speakers, and if there aren't any, it will "die". If this has happened, *one* ***(hier: man)*** speaks of an "extinct language".

***In former times*** ***(in früheren Zeiten, einstmals)*** Gaelic was the native language of the majority of the Scots but nowadays it's only spoken by about 60.000 of them[1]. English *however* ***(hier: jedoch)*** is spoken by (almost) every Scot. This is because **the language they need in everyday life is English**[2] – although it's the United Kingdom's official language *only in fact but not by law* ***(nur de facto und nicht per Gesetz)***.

Therefore everyone knows how to speak English *whereas* ***(wohingegen)*** only few people know Gaelic because they don't really need it. So their reason for speaking Gaelic is not *necessity* ***(Notwendigkeit)*** but the wish to keep the Gaelic culture alive.

The language is named after the word "Gaels" (meaning "Celts") that the Scots once used, when they spoke of themselves.

It was the *Roman invaders* ***(römische Invasoren)*** who in the 4th century gave them the Latin name "scoti" or "scotti" (which later became "Scots" in English) which some scientists translate as "raiders" or "pirates". That's because those "scot(t)i" at that time didn't yet live in Scotland, but were attackers from Ireland who only succeeded to *conquer* ***(erobern)*** the country in the following century.

The Celts were *a people* ***(ein Volk)*** (or rather a group of peoples) whose culture was the dominant one in Europe before the Romans conquered most of the continent, *thereby* ***(auf diese Weise, dergestalt)*** spreading **their** culture instead.

Celtic culture had dominated everyday life in Europe for a long time. Originally coming from the region of nowadays' Switzerland the Celts had spread all over Europe including Ireland. It was from there that the Celtic people which called themselves "Gaels" had come to Scotland to settle there.

---

1 That's only approximately as much as the inhabitants of Frankfurt (Oder), Rosenheim or Hameln.

2 This is a little bit like the situation in Turkey where the official language is, of course, Turkish, even if Kurdish nevertheless is the native language of millions of people.

# gaelic the language of the gaels 1

A typical Celtic cross-shaped jewellery design

But what was these people's culture like? How did they live, what did they believe, what was characteristic for them? Well, this is actually only *rediscovered* **(wiederentdeckt)** now. And the reason why we yet know so little about the Celts lies within one of the characteristics of their culture. This is because (although they did know scripture and the Gaels had an own alphabet) it was a mainly *non-scriptual* **(nichtschriftlich)** culture. That means that they seldom passed on their experiences by the written but rather by the spoken word. For that purpose they particularly preferred poetry and songs which both were very important parts of Celtic culture. Some scientists even believe that the Gaels are the inventors of rhyme, because the oldest rhyme poem ever found is of Irish origin. If so, this would be one Celtic *cultural achievement* **(kulturelle Errungenschaft)** which actually has survived until the present time. So, everytime you read, hear or say a rhyme, remember the ancient Celts, from whom we probably *inherited* **(erbten)** it. Nevertheless, other arts were of high importance for them, too. So they were for example very *skilled* **(geschickt, versiert)** in making beautiful jewellery and stone sculptures.

Another characteristic of their culture was the role that the women played in the Celtic society. They had the same rights as the men! They could choose their own husbands and had their own property. The land belonged to everyone, men and women *alike* **(gleichermaßen)**. One of the most important persons in Celtic history is the famous *warrior queen* **(Krieger-Königin)** Boudicca. The Greek historian DIODORUS SICULUS (1st Century BC) tells us that Celtic women were almost as tall and just as brave as the men. And the Celts in general were indeed said to be very brave people.

The Gaelic queen Boudicca

But the role of women was not the only point in which their culture stood in *crass contrast* **(in krassem Gegensatz)** to that of the Romans. Their empire was based on structures much more *centralistic* **(zentralistisch)** and well-organized than those of the Celts. That this was also true for the Roman military machine is one of the reasons why the Romans replaced the Celts as the leading European culture.

Last but not least it should be mentioned that some Gaelic words have managed to find their way into modern English or even other languages like German, for example: "slogan", "hooligan" and "whisk(e)y".

# gaelic 2
## the language of the gaels

Now that you've read quite a lot about the Gaels and their language, check what you've understood by answering the following questions:

**Get a blank sheet of paper, write down the following questions and ...**

G-group: **... answer them *one by one* *(eine nach der anderen)*!**
E-group: **... answer them one by one in complete sentences!**

1. What is Scotland's everyday language?
2. Which language was spoken by the majority of the Scots in former times?
3. How are languages called which don't have anymore native speakers?
4. How did the Scots call themselves before they got this name from the Romans?
5. When did the Gaels conquer Scotland?
6. From where did the Celts spread all over Europe?
7. How is a culture called that passes on its traditions without using books or other *written records* ***(schriftliche Aufzeichnungen)***?
8. Name two ways the Gaels used to pass on their experience to following generations. (Writing is **not** one of them!)
9. Name one main characteristic in which the ancient Celts' everyday life *differed* ***(sich unterschied)*** from that of the Romans.
10. How was the ancient Gaels' most famous queen called?
11. Name one or more reasons why the Celtic culture has widely disappeared today.

**Extra task:** Name at least three originally Scottish Gaelic words commonly used in everyday English language and one also in German.

**EXAMPLE:**

**G-group:**

**1. Question: What is Scotland's everyday language?**
**Answer: English**

**E-group:**

**1. Question: What is Scotland's everyday language?**
**Answer: Scotland's everyday language is English.**

**FINISHED? CHECK YOUR RESULTS!**

# Gaelic 3

## the language of the Gaels

1. Question: What is Scotland's everyday language?

   Answer: (G-group): Englisch
   (E-group): Scotland's everyday language is English.

2. Q.: Which language was spoken by the majority of the Scots in former times?

   A.: (G-group): Scottish Gaelic
   (E-group): In former times the majority of the Scots spoke Scottish Gaelic.

3. Q.: By which word are languages called which don't have anymore native speakers?

   A.: (G-group): extinct languages
   (E-group): Languages which don't have anymore native speakers are called extinct.

4. Q.: How did the Scots call themselves before they got this name from the Romans?

   A.: (G-group): Gaels
   (E-group): Before the Scots got this name from the Romans, they called themselves Gaels.

5. Q.: When did the Gaels conquer Scotland?

   A.: (G-group): in the 5th century
   (E-group): The Gaels conquered Scotland in the 5th century.

6. Q.: From where did the Celts spread all over Europe?

   A.: (G-group): from the region of nowadays' Switzerland
   (E-group): The Gaels spread all over Europe from the region of nowadays' Switzerland.

7. Q.: How is a culture called that passes on its traditions without using books or other written records?

   A.: (G-group): non-scriptual culture
   (E-group): A culture that passes on its traditions without using books or other written records is called a non-scriptual culture.

# gaelic 2
## the language of the gaels

8. Q.: Name two ways the Gaels used to pass on their experience to following generations. (Writing is not one of them!)

A.: (G-group): by singing and narrating *(erzählen)*
(E-group): Two of the ways the ancient Gaels used to pass on their experiences to following generations were singing and narrating.

9. Q.: Name one main characteristic in which the ancient Celts' everyday life differed from that of the Romans.

A.: (G-group): same rights for men and women
(E-group): A main characteristic in which the ancient Celts' everyday life differed from that of the Romans, was that Celtic women had the same rights as the men.

10. How was the ancient Gaels' most famous queen called?

A.: (G-group): Boudicca
(E-group): The ancient Gaels' most famous queen was called Boudicca.

11. Q.: Name one or more reasons why the Celtic culture has widely disappeared today?

A.: (G-group): lack of written records, the Romans' military advantage
(E-group): Some of the reasons why the Celtic culture has widely disappeared are the lacking of written records and the military advantage of the Romans.

Extra task

Name at least three originally Scottish Gaelic word commonly used in everyday English language and also in German.

Solution: slogan, clan, hooligan, plaid, tory, whisk(e)y

**(Im Deutschen natürlich alle mit großem Anfangsbuchstaben!)**

# LANGUAGES IN SCOTLAND gaelic 3

☞ Carefully read all of the *below* ***(hier: unten stehend)*** text.
✎ Fill in the missing words, using the following syllables.

| |
|---|
| **cal - dom - East - ge - Gae - Ger - gua - ken - King - lan - land - lands - led - lic - Low - man - ~~ni~~ - Scot - spo - ~~ted~~ - tern - ~~U~~ - Wes** |

Though Scotland belongs to the **United** __________ __________ where English is the everyday __________, it actually has THREE LANGUAGES. Because next to ENGLISH you also can hear (Scottish) GAELIC and one further language, that wasn't *mentioned* ***(erwähnt)*** yet. It's __________ Scots' language, Lowlands' Scots or (mostly) simply SCOTS.

While Gaelic is a language not *related to* ***(verwandt mit)*** English (quite like, for example, with German and French), Scots and __________ are, *in the contrary* ***(im Gegenteil)***, very closely related to each other, much like *High and Low German* ***(Hoch- und Niederdeutsch[1])***.

Just like Low __________ is only spoken in Northern Germany, with Scots and Gaelic it's the same. (Have a look at the map!)

- Scots is __________ in the South and in the __________ of Scotland, whereas …
- … the Gaelic-speaking regions are Northern and __________ Scotland, while …
- … English is spoken all over __________.

So, as to Gaelic and Scots, Scotland could be seen as diagonally halved, as it also is shown on the map. As you perhaps already noticed the border is very similar to that between the High- and the __________.

**By the way: If you're interested in listening examples of these languages, you'll find some by searching YouTube for "Scots' language" or "Scottish Gaelic". ( "Plattdeutsch" or "Plattdütsch" can be found there as well.)**

**FINISHED? CHECK YOUR RESULTS!**

1 auch „Plattdeutsch", „Plattdütsch" oder einfach „Platt" genannt, der Dialekt Norddeutschlands.

# LANGUAGES IN SCOTLAND

gaelic 3

☞ Carefully read all of the *below* **(hier: unten stehend)** text.
✎ Fill in the missing words, using the following syllables.

| |
|---|
| ~~cal~~ - ~~dom~~ - ~~East~~ - ~~ge~~ - ~~Gae~~ - ~~Ger~~ - ~~gua~~ - ~~ken~~ - ~~King~~ - ~~lan~~ - ~~land~~ - ~~lands~~ - ~~led~~ - ~~lic~~ - ~~Low~~ - ~~man~~ - ~~ni~~ - ~~Scot~~ - ~~spo~~ - ~~ted~~ - ~~tern~~ - ~~U~~ - ~~Wes~~ |

Though Scotland belongs to the ___United___ ___Kingdom___ where English is the everyday ___language___, it actually has THREE LANGUAGES. Because next to ENGLISH you also can hear (Scottish) GAELIC and one further language, that wasn't *mentioned* **(erwähnt)** yet. It's ___called___ Scots' language, Lowlands' Scots or (mostly) simply SCOTS.

While Gaelic is a language not *related to* **(verwandt mit)** English (quite like, for example, with German and French), Scots and ___Gaelic___ are, *in the contrary* **(im Gegenteil)**, very closely related to each other, much like *High and Low German* ***(Hoch- und Niederdeutsch[1]).***

Just like Low ___German___ is only spoken in Northern Germany, with Scots and Gaelic it's the same. (Have a look at the map!)

- Scots is ___spoken___ in the South and in the ___East___ of Scotland, whereas …
- … the Gaelic-speaking regions are Northern and ___Western___ Scotland, while …
- … English is spoken all over ___Scotland___.

So, as to Gaelic and Scots, Scotland could be seen as diagonally halved, as it also is shown on the map. As you perhaps already noticed the border is very similar to that between the High- and the ___Lowlands___.

**<u>By the way:</u> If you're interested in listening examples of these languages, you'll find some by searching YouTube for "Scots' language" or "Scottish Gaelic". ( "Plattdeutsch" or "Plattdütsch" can be found there as well.)**

1 auch „Plattdeutsch", „Plattdütsch" oder einfach „Platt" genannt, der Dialekt Norddeutschlands.

# MORE & LESS GAELIC SPOTS OF SCOTLAND gaelic 4

☞ Have a look at the map and answer the questions.

1. As you (probably) recognized not all of Scotland is shown on the map. Name the missing islands.

   The ____________ Islands and the ____________ Islands.

2. In which colour does the map show the areas with *the fewest* **(den wenigsten)** Gaelic speakers?
   a) ☐ grey   b) ☐ white   c) ☐ black
   d) ☐ light grey   e) ☐ dark grey

3. In which direction does the percentage of Gaelic speakers *increase* **(ansteigen, zunehmen)**?
   a) ☐ from south-east to north-west   b) ☐ from south-west to north-east
   c) ☐ from north-west to south-east   d) ☐ from north-east to south-west

4. Which of the following islands is it, where Gaelic is spoken by more than the half of the population?
   a) ☐ The Orkney Islands   b) ☐ The Outer Hebrides
   c) ☐ The Shetland Islands   d) ☐ The Isle of Wight

5. Although belonging to Scotland neither the Orkney nor the Shetland Islands are shown on this map.
   But if they were, they would appear white.
   So, what's the percentage of Gaelic speakers in those two areas?

   Answer: ____ to ____ %

FINISHED? CHECK YOUR RESULTS!

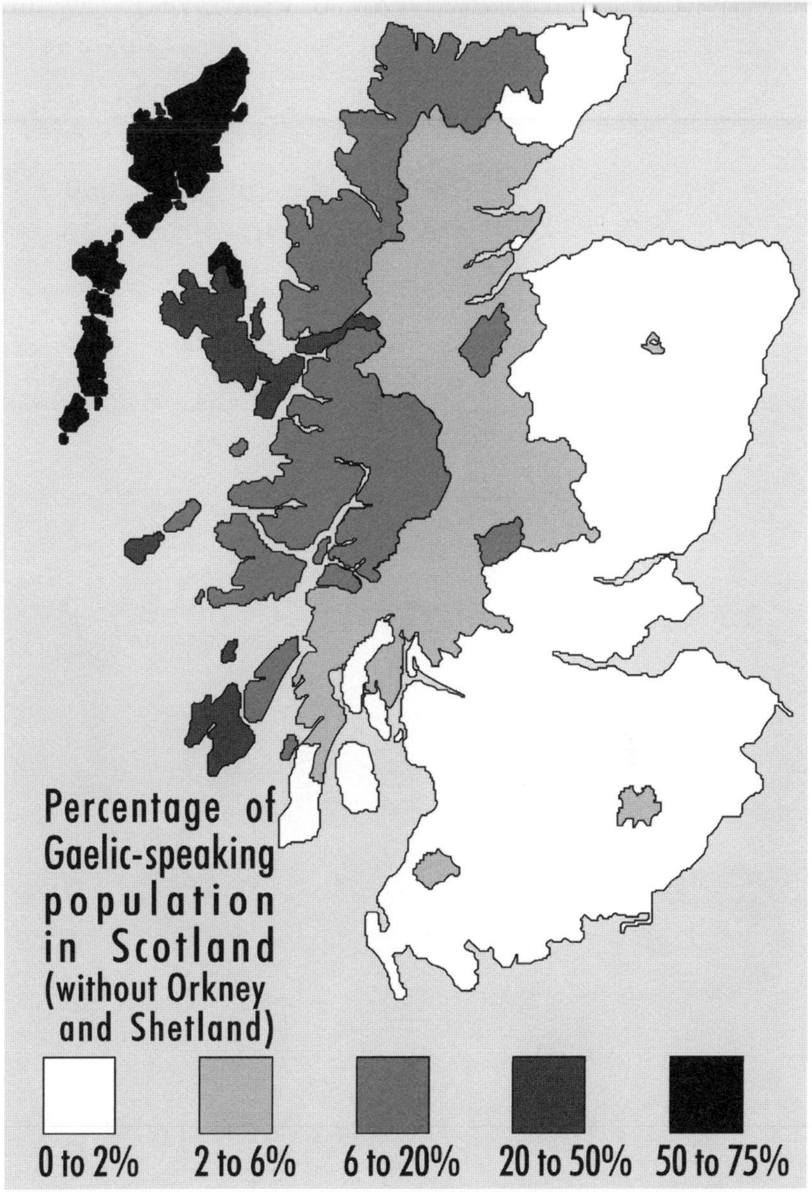

# MORE & LESS GAELIC SPOTS OF SCOTLAND gaelic 4

☞ Have a look at the map and answer the questions.

1. As you (probably) recognized not all of Scotland is shown on the map. Name the missing islands.

   The **Orkney** Islands and the **Shetland** Islands.

2. In which colour does the map show the areas with *the fewest* **(den wenigsten)** Gaelic speakers?
   a) ☐ grey  b) ☒ white  c) ☐ black
   d) ☐ light grey  e) ☐ dark grey

3. In which direction does the percentage of Gaelic speakers *increase* **(ansteigen, zunehmen)**?
   a) ☒ from south-east to north-west  b) ☐ from south-west to north-east
   c) ☐ from north-west to south-east  d) ☐ from north-east to south-west

4. Which of the following islands is it, where Gaelic is spoken by more than the half of the population?
   a) ☐ The Orkney Islands  b) ☒ The Outer Hebrides
   c) ☐ The Shetland Islands  d) ☐ The Isle of Wight

5. Although belonging to Scotland neither the Orkney nor the Shetland Islands are shown on this map.
   But if they were, they would appear white.
   So, what's the percentage of Gaelic speakers in those two areas?

   Answer: **0** to **2** %

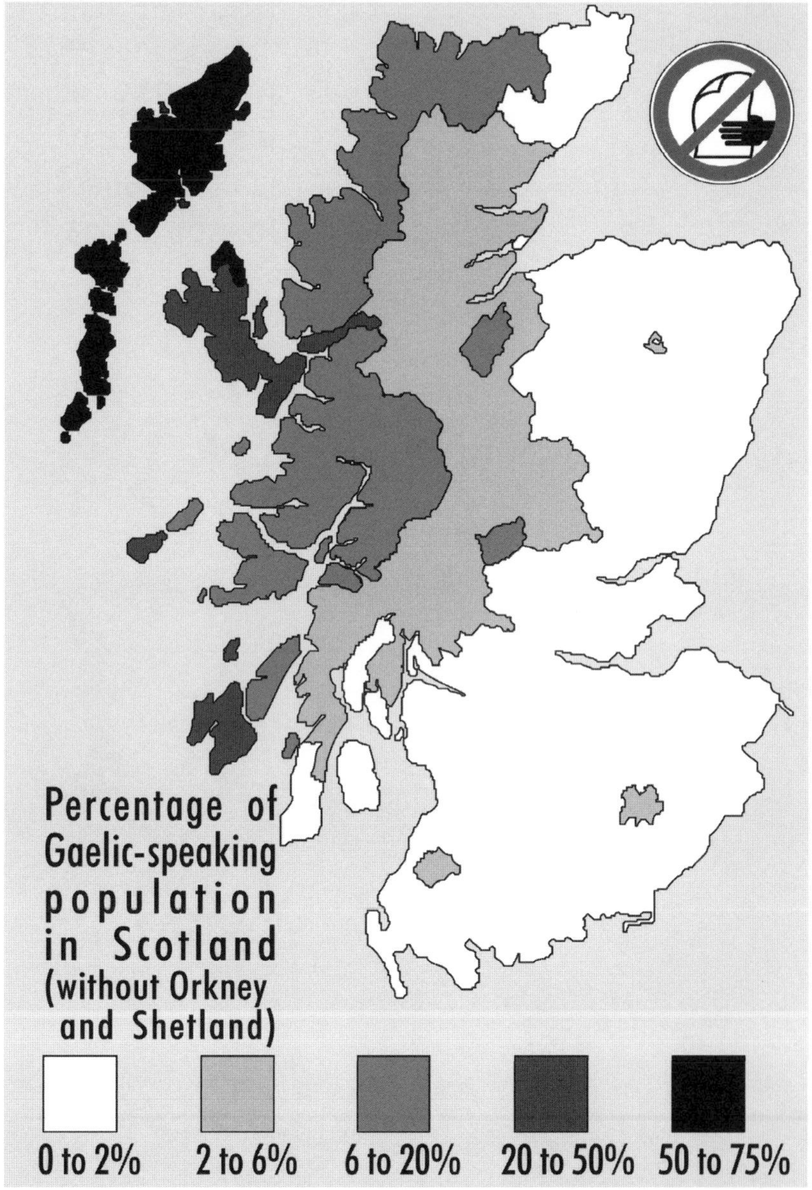


Kerstin Quade/Christoph Behning: Lernzirkel „Scotland“ · Best.-Nr. 724

# DON'T KNOW gaelic?—SURE YOU DO!

Here's some lists of Scottish Gaelic words, that in one or the other way have managed to find their way into other languages.

**Scottish Gaelic words also used in nowadays English,**
although only (or mainly) when referring to specific Scottish matters.

| | |
|---|---|
| *loch* | See |
| *ben* | Berg, Hügel, vom Gälischen „beinn", zu Deutsch „Kopf" |
| *caber* | Baumstamm |
| *tartan* | Karomuster |
| *ceilidh* | schottischer Tanz, ursprüngliche Wortbedeutung: Versammlung |
| *Tam o' Shanter* | schottische Mütze, benannt nach der Titelfigur eines Gedichtes des schottischen Nationaldichters Robert Burns |
| *sporran* | Börse |
| *sgian dubh* | spezielle Art von Messer, als Teil traditioneller schottischer Tracht getragen |
| *ghillie brogues* | spezieller schottischer Trachtenschuh, dessen Schnürsenkel bis um das Fußgelenk geschnürt wird |

**Scottish Gaelic words, common in English everyday language**

| | |
|---|---|
| *trousers* | Hose |
| *keen* | versessen |
| *galore* | in Hülle und Fülle (im Überfluss) |
| *smashing* | super (wörtlich eigentlich: [zer]schmetternd)<br>vom, fast identisch ausgesprochenen, Gälischen „'s math sin",<br>zu Deutsch wörtlich „das ist gut". |

**Originally Scottish Gaelic words, which are also common in German**

| | |
|---|---|
| *Slogan* | Werbespruch, Motto, Devise<br>vom Gälischen „sluagh ghairm", zu Deutsch „Schlachtruf" |
| *Clan* | (im Deutschen auch „Klan")<br>Sippe, Familie, eingeschworene Gemeinschaft |
| *Hooligan* | gewaltbereiter Fußballfan |
| *Plaid* | Stoff mit Karomuster, Woll-/Webdecke |
| *Tory/Tories* | (Mitglied[er] der) Konservative(n) Partei Englands |
| *Whisk(e)y* | vom Gälischen *„uisge beatha"* (sprich etwa: Usch-ga be-ha),<br>zu Deutsch wörtlich „Wasser des Lebens" |

**WHO OF YOU IS THE CRACK THAT IS GOING TO CRACK THE JACKPOT ???**

1

**WHO OF YOU IS THE CRACK THAT IS GOING TO CRACK THE JACKPOT ???**

☞ You should now be able to answer the following questions!
How many of them can you answer?

✎ Make a cross for every answer you believe to be correct

1. What is the capital of Scotland?
   a) ☐ Cardiff b) ☐ Edinburgh c) ☐ London d) ☐ Belfast

2. What is Scotland's biggest city?
   a) ☐ Inverness b) ☐ Glasgow c) ☐ Edinburgh d) ☐ Aberdeen

3. How many countries make up Great Britain?
   a) ☐ two b) ☐ three c) ☐ four d) ☐ five

4. What is the Union Jack?
   a) ☐ a British ship b) ☐ the British flag c) ☐ a song from Travis
   d) ☐ the border between Scotland and England

5. What colours are in the Welsh flag?
   a) ☐ white & red b) ☐ blue & white
   c) ☐ black & yellow d) ☐ black, red & yellow

6. Which of these countries is not shown in the flag of the United Kingdom?
   a) ☐ Wales b) ☐ England c) ☐ Scotland d) ☐ Northern Ireland

7. Which country belongs to the United Kingdom but not to Great Britain?
   a) ☐ Scotland b) ☐ Northern Ireland c) ☐ England d) ☐ Wales

8. Which of those Scottish cities is most northern?
   a) ☐ Inverness b) ☐ Glasgow c) ☐ Aberdeen d) ☐ Edinburgh

9. Which drink is associated with Scotland all over the world more than any other drink?
   a) ☐ gin b) ☐ whisky c) ☐ Guinness d) ☐ tea

# the great u.k. quiz 2

10. Which of the following is a traditional Scottish type clothing?
    a) ☐ kimono  b) ☐ kilt  c) ☐ caftan  d) ☐ turban

11. The most popular Scottish monster is named …
    a) ☐ … yeti.  b) ☐ … Nessie.  c) ☐ … cookie monster.  d) ☐ … Bigfoot.

12. Who is Scotland's patron saint?
    a) ☐ Saint George  b) ☐ Saint Patrick
    c) ☐ Saint David  d) ☐ Saint Andrew

13. What's the name of perhaps the most famous musical wind instrument from Scotland?
    a) ☐ wind pipes  b) ☐ bagpipes  c) ☐ saxophone  d) ☐ tin whistle

14. Which of the following dishes is not a typical Scottish one?
    a) ☐ haggis  b) ☐ deep fried Mars bar
    c) ☐ Black Forest cake  d) ☐ shortbread

15. What is the name of Scotland's highest mountain?
    a) ☐ Big Haggis  b) ☐ Bill Harris  c) ☐ Ben Nevis  d) ☐ Benny Hill

16. Which of those Scottish cities is also called "Athens of the North"?
    a) ☐ Inverness  b) ☐ Glasgow  c) ☐ Aberdeen  d) ☐ Edinburgh

17. What is the English translation of "Amtssprache"?
    a) ☐ population density  b) ☐ public convenience
    c) ☐ national holiday  d) ☐ official language

18. Who was the first actor to play James Bond?
    a) ☐ Rod Stewart  b) ☐ Franz Ferdinand
    c) ☐ Sean Connery  d) ☐ Tony Blair

19. Which of the following islands do not belong to Scotland?
    a) ☐ the Outer Hebrides  b) ☐ the Orkney Islands
    c) ☐ the Channel Islands  d) ☐ the Shetland Islands

20. Which of the following plants is Scotland's "national flower"?
    a) ☐ daisy  b) ☐ dandelion  c) ☐ stinging-nettle  d) ☐ thistle

**FINISHED? CHECK YOUR RESULTS!**

**WHO OF YOU IS THE CRACK THAT IS GOING TO CRACK THE JACKPOT ???**

☞ You should now be able to answer the following questions!
How many of them can you answer?

✎ Make a cross for every answer you believe to be correct

1. What is the capital of Scotland?
   a) ☐ Cardiff b) ☒ Edinburgh c) ☐ London d) ☐ Belfast

2. What is Scotland's biggest city?
   a) ☐ Inverness b) ☒ Glasgow c) ☐ Edinburgh d) ☐ Aberdeen

3. How many countries make up Great Britain?
   a) ☐ two b) ☒ three c) ☐ four d) ☐ five

4. What is the Union Jack?
   a) ☐ a British ship b) ☒ the British flag c) ☐ a song from Travis
   d) ☐ the border between Scotland and England

5. What colours are in the Welsh flag?
   a) ☐ white & red b) ☐ blue & white
   c) ☒ black & yellow d) ☐ black, red & yellow

6. Which of these countries is not shown in the flag of the United Kingdom?
   a) ☒ Wales b) ☐ England c) ☐ Scotland d) ☐ Northern Ireland

7. Which country belongs to the United Kingdom but not to Great Britain?
   a) ☐ Scotland b) ☒ Northern Ireland c) ☐ England d) ☐ Wales

8. Which of those Scottish cities is most northern?
   a) ☒ Inverness b) ☐ Glasgow c) ☐ Aberdeen d) ☐ Edinburgh

9. Which drink is associated with Scotland all over the world more than any other drink?
   a) ☐ gin b) ☒ whisky c) ☐ Guinness d) ☐ tea

# the great u.k. quiz 2

10. Which of the following is a traditional Scottish type clothing?
    a) ☐ kimono b) ☒ kilt c) ☐ caftan d) ☐ turban

11. The most popular Scottish monster is named …
    a) ☐ … yeti. b) ☒ … Nessie. c) ☐ … cookie monster. d) ☐ … Bigfoot.

12. Who is Scotland's patron saint?
    a) ☐ Saint George b) ☐ Saint Patrick
    c) ☐ Saint David d) ☒ Saint Andrew

13. What's the name of perhaps the most famous musical wind instrument from Scotland?
    a) ☐ wind pipes b) ☒ bagpipes c) ☐ saxophone d) ☐ tin whistle

14. Which of the following dishes is not a typical Scottish one?
    a) ☐ haggis b) ☐ deep fried Mars bar
    c) ☒ Black Forest cake d) ☐ shortbread

15. What is the name of Scotland's highest mountain?
    a) ☐ Big Haggis b) ☐ Bill Harris c) ☒ Ben Nevis d) ☐ Benny Hill

16. Which of those Scottish cities is also called "Athens of the North"?
    a) ☐ Inverness b) ☐ Glasgow c) ☐ Aberdeen d) ☒ Edinburgh

17. What is the English translation of "Amtssprache"?
    a) ☐ population density b) ☐ public convenience
    c) ☐ national holiday d) ☒ official language

18. Who was the first actor to play James Bond?
    a) ☐ Rod Stewart b) ☐ Franz Ferdinand
    c) ☒ Sean Connery d) ☐ Tony Blair

19. Which of the following islands do not belong to Scotland?
    a) ☐ the Outer Hebrides b) ☐ the Orkney Islands
    c) ☒ the Channel Islands d) ☐ the Shetland Islands

20. Which of the following plants is Scotland's "national flower"?
    a) ☐ daisy b) ☐ dandelion c) ☐ stinging-nettle d) ☒ thistle

(Farbversion, s. CD)

# VISIT SCOTLAND!

***YOU ARE ...***
***... YOUNG,***
***... CREATIVE,***
***... IN NEED OF A JOB?***

***(... and you also know some facts about Scotland?)***

***... then apply for a job at <u>Scotland's national tourism office</u> by showing us your ideas!***

*<u>For an advertising campaign we need YOU todo at least one of the following things:</u>*

- *create a **logo** ...*
- *think out a **slogan** ...*
- *think out an **acrostic** ...*
- *write a **poem** (at least a couplet[1]) ...*
- *work out a **round trip route** ...*
- ***describe** the national particularities (habits, traditions, food, people etc.) ...*
- *describe a particular **landscape**, city etc. ...*
- *write a **travelogue**[2] ...*

*... and send it to us!*

Example of a slogan:

**Suffering from sun allergy?**
**Like wearing raincoats?**
**Love frightening creatures like lake monsters and tree-trunk-throwing men in chequered skirts?**
**Well, then ...**
**Come to Scotland!**

Sticker motif combining elements of slogan and logo:

Example of a slogan:

*People so dilly[3],*
*weather so chilly,*
*and fields, oh, so hilly!*
*Although it sounds silly:*
*Travel to Scotland*
*instead of Italy!*

Example of an acrostic (only nouns):

**S** HEEP
**C** OUNTRYSIDE
**O** RKNEY ISLANDS
**T** ...
**L**
**A**
**N**
**D**

Another example of an acrostic (adjectives combined with nouns):

**S** ILENT PLACES
**C** OLORFUL TARTANS
**O** LD TRADITIONS
**T** ...
**L**
**A**
**N**
**D**

You could likewise make an acrostic consisting[4] only out of words concerning[5]:

- Scottish food, or
- city and landscape names

(or whatever else may come to your mind – as long as it has to do with Scotland, of course)!

1 couplet = Zweizeiler
2 travelogue = Reisebericht
3 dilly = bemerkenswert, außergewöhnlich
4 consisting = bestehend
5 concerning = betreffend

# Bildnachweis

S. 29: © lerevdr wordpress · S. 37 (links, rechts): © ngw · S. 37: wikipedia · S. 43: © flickriver, © Glasgow-guide · S. 44 (Mitte): wikipedia · S. 44: © 4tours · S. 45: wikipedia · S. 45: picasaweb (Google) · S. 46: © dcs. uk · S. 50: © Whiskeydestilleerie Glenchkinchie · S. 51: wikipedia · S. 71: © photobucket, Alexander Fleming · S. 71: Nicholsscholl · S. 80: © Britannica · S. 85: wikipedia · S. 95: wikipedia · S. 99: wikipedia · Weitere Bilder: Archiv

# Besser mit Brigg Pädagogik!

BRIGG Pädagogik VERLAG

## Praxisorientierte Materialien für Ihren Deutschunterricht!

Heinz Trachsler

**Literarische Texte verstehen**

**Arbeitsblätter zum Textverständnis und Wortschatz**

**ab Klasse 7**

98 S., DIN A4,
Kopiervorlagen mit Lösungen
**Best.-Nr. 772**

**Umfangreiches Trainingsmaterial** zur Förderung der Lesekompetenz! Die **ansprechenden Texte** sind aus bekannten Romanen und Erzählungen berühmter Autoren wie z. B. Gottfried Keller, Joseph Conrad oder Hans Sachs entnommen, bieten nicht nur Anlass zu Gesprächen und Diskussionen, sondern wecken auch das Interesse der Schüler an literarischen Texten.

Heinz Trachsler

**Sachtexte verstehen**

**Differenzierte Arbeitsblätter zum Textverständnis und Wortschatz**

**ab Klasse 7**

105 S., DIN A4,
Kopiervorlagen mit Lösungen
**Best.-Nr. 773**

Vielfältiges Trainingsmaterial zur intensiven Förderung der Lesekompetenz! Der Schwerpunkt der **neun Trainingseinheiten** ist die Vermittlung und Festigung des sinnentnehmenden Lesens. Anhand **interessanter Sachtexte** aus den verschiedensten Bereichen üben die Schüler/-innen die Texterschließung.

Max Berghaus

**Zauberlehrling, Erlkönig & Co.**

**Berühmte deutsche Balladen spannend vertont**

40 S., DIN A4,
Begleitheft mit Kopiervorlagen und Audio-CD
**Best.-Nr. 751**

Balladen bieten zahlreiche Einsatzmöglichkeiten für einen **handlungsorientierten Deutschunterricht**. Die vom Autor vertonten Balladen „Der Zauberlehrling", „Der Knabe im Moor", „Die Brücke am Tay", „Der Erlkönig" und „Nis Randers" sind auch fächerübergreifend bestens einsetzbar.

Weitere Infos, Leseproben und Inhaltsverzeichnisse unter
**www.brigg-paedagogik.de**

Klaus Kleinmann

**Orthografisches Bewusstsein schaffen mit der Mega-Wortbaustelle**

**Regelgestütztes Morphemtraining für Jugendliche mit Rechtschreibunsicherheiten**

**ab Klasse 8**

124 S., DIN A4,
Kopiervorlagen
**Best.-Nr. 615**

Dieser Band setzt das gezielte **LRS-Training** der „Wortbaustelle" fort. Die wichtigsten Rechtschreibregeln werden optisch hervorgehoben dargestellt und in verschiedenen Übungen angewandt. Jede Übungseinheit behandelt eine spezielle „Mega-Wortbaustelle" und beinhaltet neben Texten, Wortsammlungen und Lückentexten für den Regelunterricht **vertiefende Angebote**.

# Bestellcoupon

Ja, bitte senden Sie mir / uns mit Rechnung

_____ Expl. Best.-Nr. ____________________

_____ Expl. Best.-Nr. ____________________

_____ Expl. Best.-Nr. ____________________

_____ Expl. Best.-Nr. ____________________

Meine Anschrift lautet:

Name / Vorname

Straße

PLZ / Ort

E-Mail

Datum/Unterschrift — Telefon (für Rückfragen)

Bitte kopieren und einsenden/faxen an:

**Brigg Pädagogik Verlag GmbH**
**zu Hd. Herrn Franz-Josef Büchler**
**Zusamstr. 5**
**86165 Augsburg**

☐ Ja, bitte schicken Sie mir Ihren Gesamtkatalog zu.

Bequem bestellen per Telefon / Fax:
Tel.: 0821 / 45 54 94-17
Fax: 0821 / 45 54 94-19
Online: www.brigg-paedagogik.de